labor
bolsillo juvenil

Historia

a partir de 12 años

William Camus

MIS ABUELOS LOS INDIOS PIELES ROJAS

Ilustraciones de Catlin

EDITORIAL LABOR, S. A.

Título original: *Mes ancêtres les Peaux-Rouges*
Traductor: Guillermo Solana

6.ª edición: 1987

Calabria, 235-239 - 08029 Barcelona
Diseño cubierta: Ruiz Angeles
Depósito legal: B. 7.378 - 1987
ISBN: 84-335-8408-1
Printed in Spain - Impreso en España
Impreso en Romanyà/Valls, S.A.
Verdaguer 1 - 08786 Capellades (Barcelona)

¿QUIÉN ES EL AUTOR?

El autor de este libro es de origen indio; más concretamente, iroqués. Con el humor que le caracteriza, nos cuenta:

«No hay duda de que mi tatarabuelo fue una especie de pirata al que su Graciosa Majestad la reina de Inglaterra sacó de un calabozo para enviarle a colonizar el Nuevo Mundo, como era frecuente hacia el año 1750. Y fue un colono. Pero como había pocas mujeres blancas en aquel país salvaje, no tuvo más remedio que casarse con una india. Mi bisabuelo hizo otro tanto; por su parte, mi abuelo, tras haber contraído legítimas nupcias con la hija de un jefe iroqués, se convirtió en trampero. Este matrimonio y su relación con la poderosa tribu facilitaron tanto su comercio con la Hudson Bay Company, que abrió una factoría para la venta de pieles. A estos famosos *Trading-Post* acudían los indios para cambiar todo el fruto de un año de trabajo por objetos que creían necesitar: espejos, abalorios de colores y otras trivialidades parecidas.

Mi padre hizo prosperar el negocio y ofreció a los indios objetos más útiles, tales como cuchillos, cacerolas, anzuelos, etc. Pero se casó con una francesa que, al cumplir yo los ocho años, declaró que no quería para su descendencia una vida así. Hizo las maletas y, vía Montreal, me llevó a Francia. Todavía hoy me acuerdo de los grandes lagos, de los espacios helados y de los otoños tornasolados, pero lo que se quedó grabado para siempre en mi memoria de niño fue la visión de aquellas partidas de indios que acudían a la factoría cargados de pieles y que, como yo era uno de los suyos, me contaban magníficas historias.»

El autor tiene un nombre indio; los pieles rojas de la tribu de los chippeways, a la que pertenece, le llamaron Ka-Be-Mub-Be, «El-que-se-sienta-en-todas-partes». Tras algunas visitas a la factoría, aquellos chippeways advirtieron que el niño, que entonces tenía cinco años, solía sentarse en el suelo o en cualquier otro lugar para observar todo lo que sucedía en torno a sí.

Este don precoz le acompañó a lo largo de su vida y gracias a él pudo escribir estas líneas con la óptica de la verdad.

William Camus, que leyó muchas cosas acerca de los pieles rojas, se sentía desolado al ver cómo se repetían una y otra vez las mismas simplezas acomodadas a diferentes argumentos. Entristecido por ese martilleo, que tan escasamente contribuía a que el hombre blanco comprendiera al piel roja, decidió escribir esta obra.

Tras varios años de investigaciones en Canadá, encontró la correspondencia de unos misioneros, los padres oblatos, que se habían propuesto cristianizar a los «salvajes». Estas cartas, que en nuestra época representan un verdadero documento etnológico, junto con lo que el autor oyó y observó por sí mismo durante los nueve años que pasó en el Yukón entre los indios chippeways, son la mejor garantía de la autenticidad de las páginas que vais a leer.

Los dibujos que ilustran este libro son obra de George Catlin, un famoso escritor y viajero norteamericano que recorrió los territorios indios a mediados del siglo pasado. Visitó muchas tribus y dibujó del natural escenas de la vida cotidiana de los pieles rojas, y gracias a estos dibujos conocemos hoy cómo eran muchos de los utensilios y trajes de estos pueblos.

Este libro va dedicado a ti, Vieja Piel Curtida; hijo de Nada y de la Vieja; a ti a quien los hombres blancos llamaron Alexandre Nigay.

Desaparecerán las aves del cielo, se fundirán las nieves eternas, se evaporarán los mares... pero nuestra gran amistad perdurará.

¡Waho!

INTRODUCCIÓN

Un día el Gran Espíritu me dijo:

—Eres un indio, y en indio debes escribir.

He reflexionado mucho acerca de estas palabras, y creo que debo advertir a mis lectores, con sinceridad, que he escrito estas líneas viendo las cosas a la manera india... es decir, pensando como un piel roja.

Mucho se ha escrito sobre los indios. Pero pocos comprendieron los acontecimientos, las situaciones, los sentimientos que describían. Todo lo interpretaban razonando como unos Wa-Sic-Hus («hombre blanco», en sioux). Y hay un abismo entre lo que siente un blanco y lo que puede sentir un indio ante una misma situación.

Resultaría vano querer hablar aquí de los indios de América en general; no bastaría una obra de tres mil páginas; además, resulta imposible clasificar a estos pieles rojas, cuyos orígenes y costumbres son tan diferentes. El lugar geográfico cobra gran importancia en relación con las costumbres y los hábitos: una tribu que viva a la orilla del mar hará del Sol un dios benefactor que alumbra y calienta, mientras que otra que viva al borde de un desierto de arena lo convertirá en un dios maléfico que quema y seca todo.

Nada se sabe a ciencia cierta sobre los orígenes de los pieles rojas. Algunos pretenden que, en tiempos muy remotos, unos hombres primitivos se dejaron llevar a la deriva en sus balsas y desembarcaron en el Gran Continente. ¿De dónde procedían aquellos primeros navegantes? Diez sabios dieron al respecto diez versiones diferentes.

Otros afirman que unos emigrantes llegados de Siberia pasaron por el estrecho de Behring e invadieron poco a poco todo el continente americano. Y es esta versión la más aceptada en la actualidad. Pero nadie presenta pruebas concluyentes. En un principio el descubrimiento del carbono 14 hizo pensar que se descifrarían muchos enigmas; pero si bien es posible, con este método, determinar la antigüedad de un hueso de mamut con una aproximación de diez mil años, las formas de transporte y las migraciones de nuestros pieles rojas siguen siendo hoy poco conocidas.

Así pues, me guardaré muy bien de tratar de desenredar aquí esta confusa madeja. Prudencia, dirán algunos; no, sabiduría más bien. Puesto que he decidido actuar como indio, me parece inútil formular teorías sobre un problema que aún no han resuelto, pese a todo su saber, los rostros pálidos modernos.

... Y LLEGÓ EL HOMBRE BLANCO

... Una de nuestras creencias afirmaba que un día llegaría un dios del este sobre una gran piragua, y nos sentimos muy felices cuando se cumplió la profecía...

Era alto, de cabellos rubios y ojos azules. Se llamaba Leif Erickson, pertenecía a la tribu de los vikingos y le acompañaban sus hijos.[1]

Los indios del nordeste fumaron pipas y hablaron con los vikingos. Esos grandes viajeros se apercibieron muy pronto de que no poseíamos los bienes que buscaban y se marcharon en sus magníficos barcos.

Esperamos largo tiempo y otros dioses blancos llegaron...

Vivíamos felices en nuestras tierras, en un bello país que un día se llamaría México, cuando llegaron sobre el lago hediondo[2] en enormes piraguas.

Los conquistadores españoles, revestidos de hierro y montados en sus grandes caballos,[3] desembarcaron sobre el suelo del Nuevo Mundo un día de 1492. Traían con ellos mosquetes y una afición desmedida y malsana por el metal amarillo: el oro. Su jefe se llamaba Coronado.

En mayo de 1497 arribó Juan Cabot por encargo de los hombres blancos ingleses. No supimos nunca muy bien lo que buscaba.

Después, al comienzo de la primavera del año 1534, apareció en el golfo del San Lorenzo Jacques Cartier, que venía a buscar oro para entregárselo al monarca de la tribu de los franceses.

¡Fue una verdadera invasión! Como los ingleses y los franceses nunca hallaron en nuestro suelo más que cobre y mica, pelearon entre ellos por otras riquezas. ¡Habían decidido apropiarse de nuestras tierras!

Estas guerras hicieron que la Huronía desapareciese completamente de la superficie de nuestro país y que los mohicanos fueran aniquilados.

Llamamos «rostros pálidos» a aquellos hombres de tez descolorida y enfermiza y, desde entonces, rechazamos las creencias que querían inculcarnos; la rebelión se extendió entre los jóvenes bravos.

En el norte no pasaba un día sin que el Sol alumbrara una batalla en la que se enfrentaran iroqueses e invasores.

Más al sur, Os-Ce-O-La, El-que-Bebe-el-Brebaje-Negro, libraba también combates encarnizados a la cabeza de sus semínolas.

Por aquella época sólo vivían en paz nuestros hermanos de las llanuras, los que cazaban entre el río Missi-Sepe [4] y las Montañas Centelleantes.[5] Pero los rostros pálidos atravesaron el largo río y las tribus indias desenterraron el hacha de guerra. El Pueblo-del-Violín-Chirriante (apaches), los Seres-Humanos (cheyennes), el Pueblo-Serpiente (comanches), el Pueblo-Culebra (sioux) y muchos otros lucharon para defender sus territorios de caza. Se produjo una terrible carnicería.

En el mes de noviembre del año 1829, los indios cheroquis enviaban al Congreso de los Estados Unidos esta petición:

Por la voluntad del Gran Espíritu que todo lo dirige, la raza de los pieles rojas se ha tornado pequeña; la raza de los hombres blancos se ha tornado grande. Cuando los padres de vuestros padres pusieron el pie en nuestras tierras, los pieles rojas eran fuertes; les recibieron con bondad y les permitieron descansar sus miembros fatigados en esta tierra que no conocían. Nuestros padres y vuestros padres se dieron la mano en señal de paz; todo lo que el hombre blanco pidió, se lo concedió el piel roja. En aquella época el piel roja era el que mandaba y el rostro pálido el que pedía. Ahora la fuerza del indio se ha trocado en debilidad. Cuanto más aumentaba el número de los blancos, más disminuía el poder del indio. En esta tierra que vosotros llamáis ahora los Estados Unidos apenas quedan algunas de las grandes y poderosas tribus de nuestros herma-

nos. Las tribus del norte, tan famosas antaño, casi han desaparecido y ya nadie proclama su poder. Hace mucho tiempo, el Gran Espíritu dio a nuestros antepasados la tierra que nosotros ocupamos; pero en esta tierra somos ahora los últimos de nuestra raza. ¿Es preciso que muramos también nosotros? La nieve de cada invierno ha visto a los hombres blancos ocupar un poco más del territorio de nuestros antepasados. ¿Qué crimen hemos cometido que pueda privarnos de nuestra patria?

Esta larga queja brotaba del pecho de un pueblo que veía llegar su fin a grandes pasos. Su crimen se resumía en unas pocas palabras: había querido vivir a su manera, libre en la tierra de sus antepasados, en su propia tierra.

El invasor blanco, considerando que el indio ocupaba para sí mismo un territorio demasiado grande, lo rechazó cada vez más lejos, lo empujó al hambre, lo diezmó. Este verdadero genocidio adquirió proporciones gigantescas y el piel roja estuvo a punto de desaparecer para siempre.

EL INDIO TAL COMO LO HIZO EL GRAN ESPÍRITU

«¿Has comido bien, hermano? ¿Tienes hambre? Éste es el saludo del piel roja. Los blancos se preguntan por la salud, el indio piensa que el que tiene el estómago lleno olvida sus desgracias.

Para comprender todo lo que viene a continuación es preciso aceptar de antemano que el piel roja y el blanco son radicalmente distintos. Es necesario considerar también que cuando el hombre blanco puso pie en el continente americano, encontró a unos indios cuya civilización llevaba, en comparación con la suya, un retraso de más de quinientos años.

Para el piel roja el tiempo no significa nada. El curso del Sol le informa sobre ciertos momentos del día. De un día a otro pasará un «sueño». El piel roja habla también de «lunas», porque ha advertido el fenómeno del ciclo de nuestro satélite. Las estaciones son los momentos en que podrá recoger frutos o en que los bisontes regresarán a la llanura, o cuando el suelo esté helado. Para hablar de un año dirá «de una nieve a otra»; la nieve es lo que cuenta, porque significa frío y sufrimiento. Lo que el indio no pueda hacer en una nieve lo hará en otra.

El paso del tiempo no representa gran cosa para unos hombres que rara vez mueren de vejez en su camastro, sino más bien de frío, hambre o por la bala del fusil de un blanco. Cuando vea al hombre blanco apresurarse para terminar las cosas cuanto antes, el piel roja dirá con una sonrisa compasiva: «El rostro pálido se vuelve loco de tanto precipitarse».

El indio concede mucha importancia a su muerte, y a la vista de una bella mañana soleada dirá: «Es un buen día para morir». Gracias a su muerte se seguirá hablando de él cuando haya entregado su alma al Gran Espíritu.

El piel roja es temperamental, puede sentirse muy orgulloso de sí y proclamarlo a voz en cuello o bien, avergonzado, ocultarse de todos. Se muestra tan puntilloso por el bien parecer que le desagrada importunar a los otros con preguntas.

El indio no blasfema, su vocabulario carece de insultos, y la peor de las ofensas es llamarle «vieja» o «vieja cepa podrida». El bravo ofendido se retira mohíno a un rincón hasta que el ofensor acude a presentarle sus excusas, que serán tanto más rápidamente aceptadas cuanto más costosos sean los regalos que las acompañen.

El indio dice *Waho*, como el norteamericano

dice *Well*, el francés *Bon* y el español *Bueno*, al comienzo de una frase; colocado al final, el *Waho* señala el término de la misma. La pregunta directa es la peor de las descortesías, y precisamente por eso un piel roja jamás dirá a uno de sus hermanos de raza: «¿De dónde vienes? ¿Qué has hecho?». Tan curioso como una vieja lechuza, dará un largo rodeo hasta conseguir la respuesta sin haber formulado la pregunta. Los hombres blancos, que no conocían esta particularidad, se quejaban siempre de que los pieles rojas nunca respondían a sus preguntas y de que llegaban incluso a adoptar un semblante triste cuando se las formulaban. Sí, el indio se sentía triste al ver hasta qué punto podían ser descorteses aquellos hombres que se decían civilizados.

Si, por azar, un indio mataba a un blanco, los soldados de chaquetas azules acudían a la tribu para apoderarse del culpable. Con objeto de hacerse perdonar, éste les ofrecía tres o cuatro caballos como indemnización, pero los rostros pálidos nunca los aceptaban y se lo llevaban para ahorcarlo. Los pieles rojas han considerado siempre que un hombre que se balancea al extremo de una cuerda es una visión mucho más horrible que la falta que haya podido cometer.

Si acontecía que un indio mataba a otro, la familia del muerto exigía una reparación, el culpable ofrecía unos regalos y el incidente quedaba zanjado. Si no podía realizar estos gastos se exiliaba, avergonzado, o era perseguido por los suyos por no haber respetado las costumbres. Los indios no reconocían el derecho de castigar con la muerte a uno de los suyos. Unos sioux, tras haber visto cómo unos blancos ahorcaban a otros blancos, juraron no tener jamás contacto alguno con tales salvajes.

Esta manera de ver las cosas abría un foso entre blancos y pieles rojas. Las palabras *valentía* y *cobardía* tampoco tenía para los indios el sentido que les dan los hombres blancos.

Totalmente carentes de prejuicios ante los cambios de opinión, los pieles rojas podían entablar un combate y detenerlo pocos minutos después por una razón práctica; esta conducta no podía ser entendida por los blancos.

Éste es el testimonio de Médart Chouard de Groseillers, que tuvo ocasión de asistir, en 1716, a un enfrentamiento entre comanches y sioux-dakotas. Este trampero comerciaba con un grupo de dakotas cuyo jefe se llamaba Topo-Ciego. Cada año Médart iba a cambiar pieles con los dakotas, de cuyo jefe se había hecho amigo. Hasta tal punto que un día Topo-Ciego le pidió que participara en una batalla que tenía que librar contra los comanches, sus enemigos. Pretendía haber leído en los «signos» que conseguiría la victoria si un rostro pálido combatía a su lado. Para no vejar a este gran jefe, Médart no se negó, pero se juró a sí mismo permanecer al margen de la lucha. He aquí lo que el trampero contó a un misionero respecto a esta batalla.

«Cabalgábamos desde hacía dos días cuando nos topamos con unos cincuenta guerreros comanches; los dakotas eran cuarenta. Topo-Ciego dio el grito de guerra, pero apenas iniciado el combate un nubarrón negro cubrió el cielo y estalló una tormenta. Bajo la lluvia, Topo-Ciego detuvo la lucha y tuve la sorpresa de oír cómo decía al jefe comanche, que se llamaba Arco-y-Escudo: "Observa, valiente enemigo, toda el agua que cae del cielo; mira nuestros aderezos de guerra y nuestras bellas vestiduras, el agua las estropea y las torna tristes. Mira, también, el barro que cubre el suelo. Nuestros bravos, los tuyos y los míos, no pueden morir en el barro. ¡No es éste un buen día para morir!"

»Arco-y-Escudo reflexionó y respondió: "Te he escuchado con mi corazón y mi boca te dice: ¡Sí!, éste no es un buen día para morir. Has visto las cosas claras. Que cese el combate. Pero has de saber, valiente jefe, que tu sabiduría es tan grande que desde ahora los comanches te llamarán Topo-Ciego-Que-Ve-Claro."

»Las dos tribus se separaron y, en el camino de regreso, advertí cómo los valientes dakotas miraban a su jefe con envidia, porque había realizado una gran acción. Al llegar al campamento Topo-Ciego-Que-Ve-Claro me explicó que las mujeres necesitaban más de un año para confeccionar un traje de guerra y que era estúpido estropearlo por una batalla que podía ser aplazada para otra ocasión. Supe después que algunas tribus enemigas tenían entre sí un signo convencional para cuando se enfrentaban durante el invierno y el suelo se hallaba cubierto de nieve. Este signo significaba: "Hace demasiado frío. Otro día pelearemos." De común acuerdo, seguían camino adelante.»

El acontecimiento que acabo de describir es un buen ejemplo de la sensibilidad del indio, pero no nos engañemos. Si el piel roja gusta de las bellas leyendas y de las verdes praderas, su sentido artístico no empaña en nada su sentido práctico. La «verde pradera» es verde a sus ojos porque engorda los bisontes de los que el piel roja se alimenta. Un «bello bosque» podrá ser una arboleda de troncos medio calcinados por el incendio entre los cuales pasará fácilmente el cazador y a los que abatirá con pocos esfuerzos para calentarse. Una ristra de perniles de alce será una decoración inigualable a la entrada de su tipi.[6] Los barriles de madera que utilizaba el hombre blanco pueden convertirse en el más maravilloso de los objetos porque con el metal de sus aros el indio tallará las puntas de sus flechas y de sus lanzas, que tan útiles le resultan para la caza. El indio es positivo y considera que más vale pájaro en mano que ciento volando. Pero esto no impide que sepa sonreír cuando pierde.

La filosofía del indio se halla sobre todo determinada por los «sueños». Toma esta filosofía del más allá, en la interpretación de los ensueños o de las humaredas y en el vuelo de las aves, pero lo más importante son los sueños.

El indio, como cualquiera, sueña mientras duerme, pero este sueño no es tan fuerte, tan profético como el que puede obtener en la tienda ritual.

En esta tienda, construida de diferentes maneras según las tribus, recibe un baño· de vapor, sudando copiosamente. Entre los indios de las praderas se trata de un tipi de pequeñas dimensiones y especialmente dispuesto. Entre los indios de los bosques es un *wigwam*, cabaña reservada a este efecto. En ambos casos dispone de un agujero excavado en el centro del baño de vapor, donde se coloca el fuego. Encima de éste se sitúa una especie de rejilla sobre cuatro patas. Las mujeres se encargan de encender el fuego que luego cubren con piedras. Cuando ya están muy calientes, el indio se coloca en la rejilla y las mujeres arrojan agua sobre las piedras, con lo que se desprende un abundante vapor. A veces permanece durante varios días en esta tienda, mientras las mujeres mantienen el fuego y no dejan de arrojar agua sobre las piedras.

Allí, en un ayuno ritual, el indio transpira abundantemente y llega a sufrir varios síncopes y alucinaciones que interpretará al recobrar la conciencia. Al salir de la tienda ritual su conducta se guiará por la interpretación de los «sueños». Si el nuevo inspirado declara haber recibido un mensaje y éste es aceptado, puede cambiar el curso de la vida de toda la tribu. Estos sueños son la base de las expediciones bélicas y de las grandes partidas de caza. Pueden también obligar a la tribu entera a cambiar de campamento y a instalar la aldea a quinientos kilómetros del lugar donde se hallaba.

Cada clan tiene sus brujos; entre los sioux es

el chamán. Éste dispone de toda una gama de accesorios para predecir el porvenir. Conserva el secreto de sus recetas, que constituyen la fuerza de su *medicina.* Enciende fuegos y durante horas examina escrupulosamente las volutas de humo; arroja al suelo un puñado de ramitas e interpreta las formas geométricas que componen. Hace otro tanto con guijarros, leyendo con idéntica facilidad en la arena, en las nubes o en las entrañas de una rana: sus deducciones pueden aportar la prosperidad... o conducir al peor de los cataclismos. Más adelante veremos cuánta importancia puede adquirir este *hombre-medicina.*

Hemos abordado ya la palabra *medicina*; damos aquí la definición india porque volveremos a encontrar el término a lo largo de esta obra.

Los indios llevan consigo constantemente un saco que los primeros norteamericanos llamaron «medicina», pensando que contenía hierbas para cuidar las heridas y las enfermedades. No era nada de eso, y resultaría más justo traducir medicina por «misterio». Desde luego, los indios no utilizan esta palabra. Cada grupo lingüístico posee un término que le corresponde exactamente. Conservaremos, sin embargo, el de *medicina* en atención a la claridad del relato, porque fue y sigue siendo la palabra más empleada.

Confeccionado generalmente con la piel de un animal, el *saco-medicina* se halla siempre

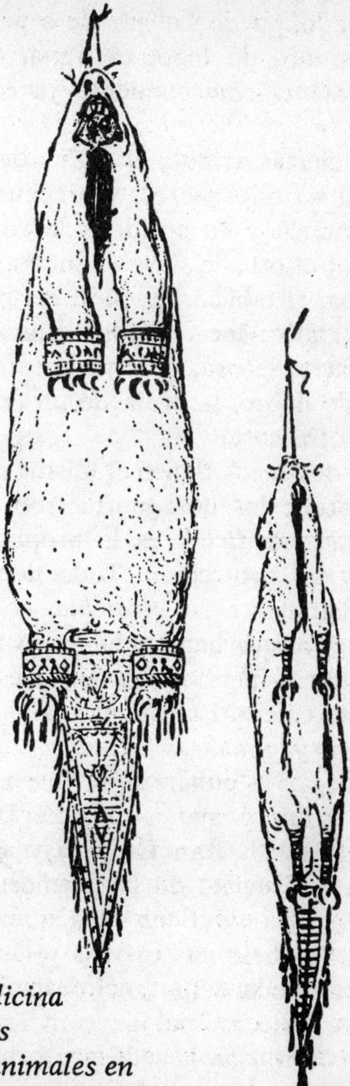

Dos sacos-medicina confeccionados con pieles de animales en las que se han conservado las patas y las colas.

adornado, puede ser grande o pequeño, de piel de armiño, de lobo, de rana, de lince o de ave; la *medicina* comienza ya con la piel elegida.

En ciertas tribus, el indio tiene dos *sacos-medicina*: uno, secreto y precintado, que no se abre nunca y va cosido a la ropa o atado al cuerpo; el otro le sirve de morral donde coloca su pipa, el tabaco, las pinturas para su cuerpo y sus talismanes. Estos últimos pueden ser una garra de oso, una piedra, una pluma, una pata de liebre, la oreja de un enemigo o cualquier otra cosa.

Los dos sacos tienen el mismo carácter sagrado, porque los dos guardan objetos sagrados. El *saco-medicina* es la propia vida del piel roja y su protección. Todo depende de él, y para agradar a su *medicina*, el indio acaricia el saco, ofrece banquetes en su honor o se inflige duras penitencias si cree haber provocado su cólera. En este saco se hallan reunidos lo bueno y lo malo.

Al llegar la pubertad, el joven indio se aleja de la tribu y ayuna aislado. Durante largos días llama al Gran Espíritu y elige al primer animal entrevisto en los sueños de su delirio. El joven ya no tiene más que regresar a la aldea, recobrar sus fuerzas y lanzarse armado a la búsqueda del animal designado por el Ser Eterno; este animal se convierte en su protector para toda la vida y con su piel el indio confecciona su saco. Nunca más podrá volver a matar un animal de esta especie sin destruirse a sí mismo.

La *medicina* es un don del Gran Espíritu, del que el indio no puede disponer; vender su saco, darlo, perderlo, dejárselo quitar, convierte a este desgraciado en un-hombre-sin-*medicina*, que pierde en el acto el respeto de los suyos. Al indio así desposeído y afligido sólo le queda un recurso: arrancar el *saco-medicina* a un enemigo y regresar a su campamento para recuperar sus antiguos privilegios.

LOS NOMBRES INDIOS

En la Edad Media no existía el apellido en Europa; sólo se utilizaba el nombre. Pero este sistema creaba confusiones. En una aldea podía haber varios Juanes, por lo tanto se acostumbraba decir Juan del bosque, si éste vivía cerca de un bosque; Juan del molino, si habitaba próximo al molino. Los oficios permitían además distinguir a las personas del mismo nombre. Si Juan era molinero se convertía en Juan el molinero. Después sus descendientes se trocarían en Juan Molinero.

Por lo que se refiere a los indios sucede un poco lo mismo, al margen del hecho de que el niño jamás lleva el nombre de sus padres. Al nacer, la madre o el padre del pequeño piel roja le pone un nombre, pero éste es secreto y nunca lo revelará. Preguntárselo sería hacerle la peor afrenta y faltar a la más elemental cortesía. Para nuestro piel roja, divulgarlo equivaldría a perder su alma, y si un indio pierde su alma se sabe muy pronto en la tribu. Es despreciado, y posiblemente pronto se le llamará El-Que-Ya-No-Tiene-Alma o El-Que-Ya-

No-Tiene-Nombre. Entonces no le quedará otro remedio que abandonar su tribu hasta haber realizado un acto de valor que le haga merecer un nuevo nombre.

Pero al nacer el bebé, las cosas no son tan sencillas. El hecho de que este nombre tenga carácter sagrado y secreto obliga a su madre a darle otro desde su nacimiento; éste no se elige especialmente, sino que a menudo se debe a una causa trivial. El bebé puede llamarse Sapo-Sentado, sin que ello sea injurioso para su personilla. Su madre le llamó simplemente así porque, al traerle a este mundo, vio en la hierba a un sapo en esta actitud. Nuestro bebé puede llamarse también Ruido-de-Bastón-de-Fuego si, al nacer, se oyó próximo un disparo de fusil.

Después, el joven indio cambiará de nombre varias veces. Estos cambios, según las tribus, son ordenados por el jefe, los sabios o los amigos del interesado. En ocasiones se le consultará a él, que puede rechazar su nuevo nombre, pero en otras no podrá poner objeciones y se lo cambiarán le guste o no.

Las películas del Oeste nos han acostumbrado a esos pomposos nombres indios tales como Águila-Negra, Caballo-Fogoso, Ojo-de-Lince, Flecha-Rápida u Oso-Leal. Pero éstos son sólo una invención publicitaria de las productoras cinematográficas. Es evidente que resulta más fácil hacer simpático a un personaje si se le llama Águila-Real que si se le denomina Grasa-de-Lomo-de-Bisonte o Pieles-de-la-Vieja-Cabaña.

Los nombres indios nos resultan raros, a veces son feos y la mayor parte incomprensibles. El hecho de que posean un significado para el piel roja no quiere decir que también suceda lo mismo con el blanco; éste, al tener costumbres diferentes, ve las cosas de otra manera. Veamos un ejemplo: el nombre de un gran brujo y cazador cuya fama nos es bien conocida: Sitting Bull, es decir, Toro-Sentado.

Entre los primeros colonos no todos eran ingleses; algunos incluso hablaban muy mal esta lengua. Podemos afirmar sin duda que los blancos comprendían aún peor el lenguaje de los sioux-hunkpapa, lo que explica esta traducción de Toro-Sentado.

La versión más aceptada presenta a este sioux como un cazador de extraordinario valor que no dudaba en saltar desde su caballo al lomo de un bisonte y hundir su largo cuchillo en el corazón del animal, que caía fulminado en el acto. Esta hazaña habría dado lugar a que sus hermanos de raza le llamasen El-que-Está-Sentado-sobre-el-Bisonte, que dista mucho de Toro-Sentado.

Los especialistas en asuntos indios, que gustan de complicar las cosas, idealizan al piel roja, pero frecuentemente olvidan que lo propio de su carácter es el sentido práctico. Estaríamos todavía especulando con el nombre de Toro-Sentado si un viejo sioux de Montana no hubiese puesto las cosas en su sitio con una explicación más prosaica: antes de llamarse Toro-Sentado, el jefe hunkpapa había sido denominado por los suyos Ta-Na-Ho-Ka-Te, El-Saltador-de-Rápidos, en razón de su agilidad. Este nombre fue traducido en su época como Ardilla-Saltadora. Así al menos aparece en la mayoría de los libros que se refieren a Toro-Sentado. Pero con los años fue presa del reumatismo. Al final de su vida las piernas le sostenían con dificultades, y el viejo «bisonte» aprovechaba cualquier ocasión para sentarse.

Las lenguas indias, numerosas y variadas, no pueden ser traducidas fácilmente por los blancos, pues no basta la traducción palabra

A la izquierda, jefe sioux llamado Plumas-Color-de-Ratón. A la derecha, una mujer sioux cuyo nombre es Banco-de-Arena.

por palabra. Es preciso, además, «pensar» en piel roja, ver las cosas con ojo indio, conocer el acontecimiento que provocó el nombre y, aun así, lo más probable será equivocarse. En el caso de un indio crow, llamado Cha-Ee-Chopes, cuya traducción es Cuatro-Lobos, un traductor blanco verá un gran guerrero volar a la batalla, dar zarpazos a diestra, morder a siniestra, como si se tratase de cuatro lobos. En realidad, los sioux tal vez le dieran aquel nombre porque un día se topó en su camino con cuatro lobos y buscó su salvación en la huida.

Para el hombre blanco, el nombre indio se halla envuelto en misterios y trampas, máxime por cuanto el piel roja cambia a menudo de

A la izquierda, Piedra-de-Cuernos, famoso orador sioux. A la derecha, Puerta-Abierta, hechicero iroqués.

apelativo. Una acción puede motivar un nombre, pero otra obliga a cambiarlo. Son los actos, el comportamiento, los hechos exteriores, los que confieren nombre a los pieles rojas.

El indio que se llama El-Que-Ve-las-Cosas-en-su-Cabeza podrá ser el mayor mentiroso de la tribu o un adivino. El que lleva el nombre de Caballo-Salvaje será quizás un individuo muy nervioso, puntilloso, agrio y receloso, o simplemente se llamará así porque le ha mordido un caballo salvaje. El Hombre-que-Marcha-en-su-Sombra tanto podrá ser un individuo ahorrativo como un perezoso que permanece todo el día a la sombra bajo su tipi.

A la izquierda, un jefe sioux
de curioso nombre, Conchas.
A la derecha, un guerrero
de la tribu fox llamado Gavilán-Negro.

Un joven indio que se llama El-que-no-Caza logra regresar con tres presas traspasadas por sendas flechas con su signo; se convertirá entonces en Tres-Flechas. En otra ocasión, si retorna con cuatro presas será llamado Cuatro-Flechas. Después resbalará sobre una piedra y caerá al río; podrá ser llamado entonces Mocasines-Mojados. Estos diferentes nombres serán adoptados cuando los acontecimientos que los provocaron hayan sido comentados por todos durante un período de tiempo suficiente.

Pero si el Consejo considera que el sobrenombre elegido constituye un atentado al honor del interesado, puede llamarle también Aquel-del-que-no-se-Habla, y todos se sienten contentos.

Un viajero norteamericano llamado George Catlin visitó en 1840 muchas tribus indias y, además de dibujar del natural a los pieles rojas, escribió varios libros sobre sus costumbres, dedicando especial atención a los nombres.

Habla, entre otros, de la tribu de los assineboins, Los-que-Hacen-Hervir-las-Piedras, cuyo jefe se llamaba Wi-Jun-Jon (Cabeza-de-Huevo-de-Paloma), y de su mujer, Chin-Cha-Pee (Insecto-de-Fuego-que-Resbala).

Los ojiways fueron quienes dieron nombre a los assineboins, al ver cómo calentaban piedras y después las arrojaban a agujeros llenos de agua, a fin de cocer sus alimentos.

Pero si Catlin descubrió en parte el origen

del nombre de esta tribu, nada averiguó respecto de los del jefe y de su esposa. Fácilmente puede verse que en el nombre de Los-que-Hacen-Hervir-las-Piedras hay un error de traducción en lo que atañe a la palabra *hervir*. Los indios, como los blancos, carecían del poder de hacer hervir las piedras. Es lícito, por consiguiente, pensar que la traducción exacta sería: Los-que-Hacen-Calentar-las-Piedras.

En lo que concierne al nombre de Insecto-de-Fuego-que-Resbala, se trata también, sin duda alguna, de un error de traducción de Catlin, puesto que en el vocabulario assineboin no existe palabra que designe al insecto en general. La lógica exige que el nombre de esta mujer fuera el de Ave-de-Fuego-que-Planea. El Ave-de-Fuego, representada por el águila, era el dios vengador de esta tribu. Quizá Chin-Cha-Pee habría visto, con sus propios ojos o en sueños, a un águila planear en el cielo, y adoptó este nombre mágico tras la aparición. Pero resulta muy arriesgado pretender desvelar el misterio del razonamiento del piel roja con la lógica del hombre moderno.

Por lo que se refiere al jefe Cabeza-de-Huevo-de-Paloma, los rostros pálidos pensaron inmediatamente que este hombre se vería abrumado por una deformación de la cavidad craneal, pero en realidad no es así. Catlin pintó a Cabeza-de-Huevo-de-Paloma en dos ocasiones: como indio, y disfrazado de hombre blanco durante un viaje que realizó a Washington en

1832, y en ambos dibujos se ve un cráneo normal.

A continuación damos algunos nombres, que hemos seleccionado entre los menos extraños. Su lectura puede mostrar cuán difícil resulta explicar sus orígenes si no se conocen las motivaciones que los provocaron: Tulock-Chis-Ko (El-que-Bebe-el-Jugo-de-la-Piedra), Ush-Ee-Kitz (El-que-Pelea-con-una-Pluma), Toh - Ki - Ee - To (Piedra-en-Forma-de-Cuerno), Mohk-See-A-Nis (Pieles-de-la-Vieja-Cabaña).

Por el contrario, los nombres femeninos resultan menos oscuros para la comprensión de los blancos: Ko-Ka (Antílope), Hee-La'h-Dee (Fuente-Pura), Ho-Wa-Heh (Nada).

LAS ALDEAS. LA VIDA Y LA MUERTE

Si al llegar a una aldea un perro se enreda entre las piernas de uno, puede tener la seguridad de saborear este animal una hora más tarde, cocido y aderezado en su honor. Entre los pieles rojas, el perro es un manjar apreciado. El anfitrión no come con el invitado; las mujeres sirven la comida y el anfitrión se limita a contemplar la escena con envidia, abanicándose con unas plumas. Está allí para acompañar al invitado y encender la pipa de éste al final de las comidas. Así se manifiesta la buena educación del piel roja.

Lo que primero sorprende al hombre blanco que se aproxima a un campamento piel roja es el olor. Resulta curioso porque el indio de olfato sutil pretende que el blanco huele mal. El olor del campamento indio no es repugnante, pero resulta bastante difícil acostumbrarse al de las pieles de animales, caballos, estiércol, grasa rancia y cecina. El indio unta su piel y sus cabellos con grasa de oso y de bisonte. Éste es quizás el olor al que más sensible se muestra el hombre blanco.

Aunque el modo de vida de todos los pieles rojas sea bastante parecido en los cuatro puntos cardinales, cada grupo posee una concepción particular de su vivienda.

En el sur, cerca de la frontera de México, los indios hopis y navajos del grupo de los Pueblos, que se llaman así mismo los Pacíficos, construyen verdaderas casas de pisos, los kivas, constituidos por una armazón de madera y adobes. Para penetrar en una vivienda es preciso servirse de una gran escala. Al llegar la noche, y como medida de seguridad, se retiran las escalas. Estos indios sedentarios, más cultivadores de maíz que cazadores, utilizan hornos cónicos de adobe para cocer las tortas de harina de maíz que constituyen la base de su alimentación. No son en manera alguna elegantes; antes de la conquista tejían telas burdas sobre bastidores de su invención. Los blancos aportaron telas de algodón que fueron muy apreciadas en estas tierras quemadas por el sol.

Los apaches son de la familia de los navajos. A la llegada de los blancos, y tras haber aprendido a domesticar el caballo, la tribu de los chiricauas se separó de sus hermanos, los navajos, y se convirtió en vagabunda, adoptando el modo de vida apropiado a esta nueva situación.

El campamento apache es de un descuido abrumador. Hombres y mujeres aparecen mugrientos y vestidos con andrajos; no se lavan, y reconocen de buen grado que deben algunas de sus victorias a su aspecto feroz y repugnante. Esta suciedad no excluye su gran valor en el combate y su destreza ecuestre.

El apache debe estar siempre dispuesto a huir y por eso su vivienda no pasa de ser un amontonamiento de ramas que, aunque permeable al agua, constituye un camuflaje ideal en caso de ataque por sorpresa.

Antes de las batallas en las que se enfrentaron franceses e ingleses por la posesión de Canadá, vivían en el nordeste poderosas familias pieles rojas como las de los iroqueses, los hurones y los mohicanos. Estos indios, pescadores y cazadores, acampaban en las orillas de los lagos y en las márgenes de los grandes bosques de abedules. Y estos árboles les servían para construir sus viviendas, a las que llamaban *wigwams*.

Con ramas flexibles y cimbreantes hacían una armadura que por su forma recordaba un gran cesto colocado boca abajo en el suelo. Esta armazón se recubría de cortezas de abedul, dejando en la cima una abertura denominada *el agujero del humo*. Una segunda abertura servía de entrada. Estos wigwams eran muy confortables y poseían el carácter de vivienda fija, es decir, que no sería abandonada como los refugios de los apaches. La aldea se hallaba a menudo rodeada de una empalizada de estacas aguzadas para preservar a los wigwams en caso de ataque.

Más al oeste, entre el río Mississippi y las montañas Rocosas, en una inmensa planicie de más de cinco mil kilómetros de norte a sur, vivían los indios de las praderas. Aunque la mayoría eran nómadas, como los oglalas, los kansas, los dakotas, los crows y los misouris, al norte de esta llanura vivía en régimen sedentario otro clan célebre: los mandans.

Para construir su hogar, el mandan cava en el suelo, hasta una profundidad de un metro, una fosa circular que puede alcanzar un diámetro de 10 a 15 metros. Este foso queda cubierto por una armazón de troncos en forma de cúpula con una altura de dos metros, la cual se recubre de tierra. El techo dispone siempre de un agujero para el humo que también deja pasar la luz. Las paredes de las cabañas mandans son muy espesas, y su techo es tan sólido que puede servir de terraza a muchas personas. Esta vivienda preserva tanto del calor como del frío, y en ella viven con comodidad el indio, sus mujeres e hijos, además de sus pavos, perros y caballos.

Al sur de los mandans vivían los crows, que tenían otra concepción del confort. Sus viviendas se llamaban *tipis.*

El tipi es una gran tienda cónica cuya armadura está constituida por varas colocadas en círculo sobre el suelo y unidas en la cima. Esta construcción se halla cubierta de pieles de bisonte o de alce cosidas entre sí, sujetas además por pinzas de madera. Así, para desmontar la cabaña basta con retirar las pinzas; las pieles se deslizan a lo largo de las varas, listas para ser plegadas. Se ha afirmado a menudo que el número de estas pinzas era siempre nueve, pero las primeras fotografías de tipis sioux mostraron que estas tiendas podían tener diez e incluso quince, según su tamaño. El tipi posee una abertura en la parte inferior que sirve de entrada. La originalidad de esta tienda reside en una abertura triangular en su parte superior, a cuyos lados se alzan dos grandes trozos de piel, sostenidos por varas que pueden ser orientables; no sólo facilitan la salida de los humos, sino que evitan que el

viento los devuelva al interior del tipi. Como el crow es un gran artista, el tipi se halla ricamente pintado y decorado, tanto en el exterior como en el interior.

Visitemos ahora un campamento sioux de principios del siglo XIX. Aunque los indios estén ante sus tipis sentados en una especie de hamaca fumando beatíficamente y entregados a sus ensoñaciones, el campamento no deja de tener el aspecto de una colmena en plena actividad.

Si es buen cazador, el sioux tiene varias mujeres; tantas como sea capaz de alimentar. Ellas realizan la totalidad de los trabajos; el sioux se reserva para la caza, la guerra, la fabricación y la conservación de armas. Las demás tareas son indignas de él y le resultarían deshonrosas.

Por consiguiente, la mujer va a buscar agua al río, recoge leña, enciende el fuego, prepara las comidas, tiñe, cose, borda, deseca la carne y se ocupa de los niños, prepara los baños de vapor, monta y desmonta los tipis. Es también la que prepara y transporta las pesadas cargas cuando la tribu se desplaza siguiendo el rastro de las manadas de bisontes. El bravo, por su parte, marcha a la cabeza y asegura la protección.

La mujer india lleva su bebé a la espalda, en una especie de confortable cuna estrecha a la que éste queda sujeto por correas de piel. Al bebé indio se le coloca muy pronto de pie con objeto de conseguir que se le arqueen las piernas. Esa deformación dará a su paso una seguridad excepcional, una resistencia y flexibilidad que el trampero blanco le envidia.

Durante el invierno, con sus piernas arqueadas, el indio hará largos recorridos sobre sus raquetas de nieve, mientras que el blanco, incluso tras varios años de entrenamiento, no escapará a lo que los indios han llamado «el mal de las raquetas»: un dolor agudo en las caderas que desaparece al detenerse y que reaparece al ponerse en marcha.

Estas raquetas, cuya longitud oscila entre los cincuenta centímetros y un metro, consisten en un marco de madera flexible en cuyo interior se entrecruzan unas tiras de cuero. Los pies sujetos al centro de estas raquetas obligan a avanzar con las piernas separadas; sin ellas sería imposible andar sobre la nieve blanda en la que se hunde el pie.

Pero volvamos al bebé. Si es del sexo femenino, en cuanto puede sostenerse en pie, su madre se encarga de enseñarle los trabajos que incumben a su sexo. Por su parte, el chico tiene derecho a toda la atención del padre. El sistema indio de educación puede resultar desconcertante a un blanco; si el padre ve que su hijo tiende la mano hacia la llama del fuego, le dejará que se queme. La quemadura que resultará de esa experiencia le tornará descon-

fiado y prudente respecto de las cosas que no conoce. El padre enseña a su hijo la caza y también la guerra, le inculca la afición a las armas. Hacia el año 1850 todo sioux llevaba en su corazón la secreta esperanza de que un día su retoño sería un valiente guerrero.

El día en que el joven sioux estima que es bastante rico para tomar mujer, busca al padre de la muchacha que desea. Ambos fuman pipas con el tabaco del futuro marido y entablan un largo chalaneo. Concluido el acuerdo, se reúne la tribu y un amigo del pretendiente, que se halla en el secreto, se presenta con dos caballos, un arco y tabaco. Es el precio que ha sido convenido. Entonces, y ante todos, el futuro marido declara al padre de la muchacha:

—Hemos hablado y concluido un acuerdo. He aquí los regalos de los que te había hablado. ¿Mantendrás tu promesa?

—Sí, la mantendré —responde el padre—; he aquí mi hija. Ahora es tu esposa.

La ceremonia ha concluido. El indio conduce a su tipi a la joven esposa, que se consagra inmediatamente a los trabajos habituales de la mujer en el hogar. Si esta mujer no le satisface puede devolverla a su padre que, a su vez, la repudiará a fin de no tener que restituir a su yerno los regalos que recibió en la boda. Si la esposa es infiel, las consecuencias son mucho más graves; puede que se le corte la nariz o, simplemente, que sea expulsada de la tribu.

El piel roja que llegaba a la vejez sin haber tenido la suerte de morir en combate, reunía a sus hijos, al sentir próximo su fin, y les decía estas palabras: «Nuestro clan debe partir para nuevos terrenos de caza. Yo soy ya viejo. Mis ojos no ven, mis piernas no pueden llevarme. Ahora puedo morir, pues ya no valgo nada. Quiero ser "expuesto" como yo mismo expuse a mi padre y a mi madre hace mucho tiempo. Ya está dicho todo. *¡Waho!*»

Los hijos montaban una tienda rudimentaria. Colocaban allí al anciano, encendían un pequeño fuego y le dejaban algunos víveres. Entonces la tribu se alejaba para iniciar una nueva expedición de caza. Ésta era la «exposición de los viejos». El anciano, abandonado de esta manera en medio de la inmensa pradera, quedaba expuesto a la mirada del Gran Espíritu, en cuyas manos confiaba su alma.

Si, al año siguiente, la tribu volvía a pasar por allí, los hijos buscaban las osamentas de los padres abandonados. Las recogían y las arrojaban a alguna oquedad entre peñascos. Ésta era, para un sioux nómada, una magnífica sepultura.

Las cosas sucedían de distinta manera entre los sioux sedentarios y entre los mandans, que no estaban obligados a largos desplazamientos. Los ancianos morían rodeados de sus parientes.

En cuanto alguien estaba agonizando se avisaba al chamán. Si el moribundo no había muerto aún, el brujo penetraba en la cabaña con su pequeña *medicina*, cascabeles y sonajeros. Ordenaba a los allí reunidos que entonaran los cantos que ayudan a devolver la vida y realizaba algunos hechizos. Pero si, por desgracia, el paciente moría, el brujo recurría entonces a la gran *medicina*. Se vestía con una piel de oso que le cubría de los pies a la cabeza y de la cual colgaban todo tipo de talismanes: zarpas de oso, de lince y de lobo, patas de zorro, pezuñas de alce y de bisonte, garras de águila, patas de ciervo, picos de lechuza, en

fin, todo lo que vuela, camina y nada sobre este planeta. Ante el cadáver, pronunciaba unas palabras conminándole a volver a la vida. Si no respondía, iniciaba una danza demoníaca: saltaba, volaba, brincaba al son de los cascabeles y de los sonajeros. Esta danza podía durar varias horas, al cabo de las cuales reiteraba al cadáver la orden de levantarse. Si el muerto se negaba por segunda vez a moverse, el brujo hacía salir a los presentes a fin de hablar en secreto con el Gran Espíritu. Nadie podía asistir a estas confidencias. Los parientes aguardaban ante la puerta de la choza el momento en que el brujo saliera y anunciara que el cadáver permanecía muerto, que así lo había decidido el Gran Espíritu y que nadie podía oponerse. En este caso, el chamán quedaba libre de responsabilidad.

Ya veo sonreír al hombre blanco, pero se sorprendería mucho si supiera que hubo grandes brujos que se encerraron con un muerto y que reaparecieron sosteniendo al anciano que había recobrado la vida. Algunos rostros pálidos han sido testigos de algunas de estas grandes *medicinas.*

Cuando el chamán anunciaba la muerte «definitiva» comenzaban las lamentaciones. Las mujeres del difunto se cortaban las trenzas en señal de duelo. Los parientes se arañaban hasta sangrar. Toda la tribu lloraba y pedía a Wakanda (dios de los sioux) que condujera al intrépido bravo por el camino de las praderas de las eternas cazas. El muerto era envuelto en una piel de bisonte con su *saco-medicina* y sus objetos más preciados. El cadáver se colocaba en un túmulo funerario formado por cuatro troncos a fin de protegerlo de las hienas. Como último homenaje, se sacrificaban los caballos preferidos del muerto y sus cabezas adornaban los pilares del túmulo.

El piel roja mostraba así su intención de devolver a la muerte las mejores cosas que la vida había concedido al desaparecido.

EL INTERIOR DEL TIPI

Si el rostro pálido es capaz de entrar en su casa de cualquier manera, sin tener en cuenta las conveniencias, el dakota tiene más respeto por su hogar.

Entrar en un tipi obliga a someterse a ciertas costumbres. El visitante ha de rascar cuatro veces la piel de la entrada del tipi y, a una señal del anfitrión, penetrará en la tienda. Como el tipi es de forma circular, el visitante se dirige siempre hacia la izquierda. Si su anfitrión se halla cerca de la entrada a la derecha, dará la vuelta a la tienda en el sentido de la marcha del Sol para ir a reunirse con él. Atravesar ese corto espacio en línea recta sería ultrajar al propietario y atraer sobre la vivienda la maldición de los malos espíritus. El círculo es sagrado entre los sioux-dakotas, los sioux-oglalas y los hunkpapas; olvidarlo por un instante significaría atraer la desgracia.

En el centro del tipi, el fuego se halla protegido por unas piedras dispuestas en círculo. Encima de éstas, un trípode sostiene una marmita o caldero. Este recipiente contiene siempre algún alimento. Dado que las palabras de saludo son siempre «¿Tienes hambre?», es preciso, pues, poder satisfacer en todo momento el apetito del visitante. En torno del fuego ha sido trazado un camino circular.

Finalmente, junto a las paredes de la tienda y en una superficie de unos dos metros, el suelo se halla cubierto de pieles. Toda la familia dakota y los vistantes descansan en estas pieles. Unas quince o veinte personas pueden dormir con comodidad bajo un tipi corriente, pues todas se colocan en una sola posición: la cabeza hacia la pared de la tienda, los pies hacia el fuego.

El interior de un tipi sioux resplandece con los mil colores de los objetos almacenados o colgados. Unos pernos de madera hincados en las varas permiten suspender escudos, aljabas, lanzas, mazas y otras armas. Estos objetos coloreados y siempre adornados artísticamente con plumas son toda una maravilla para los ojos. En el suelo, unas arcas de cuero sirven para guardar los vestidos de ceremonia. Estas arcas son las maletas de los pieles rojas. Los grandes tocados de plumas se colocan en cajas especiales. Otras guardan los ornamentos para las danzas rituales y los objetos sagrados y están decoradas con signos destinados a alejar todo maleficio. Los calumets y las pipas se conservan en sacos de piel de nutria, de marta o de armiño decorados con cuentas o bordados con púas de puerco espín; todos son objetos valiosos. Las pieles en las que los sioux se envuelven para dormir se utilizan durante el día como mullidas alfombras que proporcionan al tipi, siempre bien arreglado por las mujeres, un notable confort.

Durante el invierno, la atmósfera en el interior del tipi es cálida; el fuego no molesta porque el humo asciende en línea recta y escapa por el agujero superior.

El indio suele echarse en el interior de su tipi, pero a menudo prefiere permanecer sentado ante su tienda; entonces se instala en una especie de hamaca. Este asiento bajo con respaldo está formado por un entramado de palos redondeados unidos por tiras de cuero. Es un artilugio flexible y rectangular que mide 1,20 metros de longitud por 0,60 de anchura. Al colocarse en tierra, las tres cuartas partes del asiento quedan sostenidas por tres estacas de madera de 70 centímetros, dispuestas en trípode. El indio no tiene más que sentarse en el plano horizontal que forma y apoyar su espalda en la parte vertical. Así instalado, fuma pipa tras pipa, observando la vida de sus vecinos. Con la espalda bien apoyada en su respaldo, el sioux puede asistir al Consejo aunque éste dure dos días. Junto a él, su mujer, sentada en otra hamaca, ensarta cuentas para la próxima ceremonia. Al plegarse, este asiento ocupa poco sitio y puede ser transportado con facilidad. Con lo que se demuestra que el blanco no fue el inventor de la hamaca.

LA ALIMENTACIÓN Y LA CAZA

El problema número uno del piel roja ha sido siempre la alimentación. Sea el indio agricultor o cazador, el avituallamiento de los parientes y de la tribu se impone a cualquier otra ocupación. La misma guerra era un deporte que se practicaba con el estómago lleno.

Los indios que han sobrevivido mejor son los iroqueses, debido a que, siendo cazadores, agricultores y pescadores, se vieron menos expuestos al hambre. En el sur, en las tierras ingratas que les otorgaron los blancos, los hopis, sólo agricultores, sobrevivieron con más dificultad.

Las tribus iroquesas, como las demás, hubieron de sufrir los ataques de los virus, pero los mejores alimentados resistieron a las enfermedades de los rostros pálidos y al «agua de fuego» que aportaron (así llamaban los indios a las bebidas alcohólicas).

En los innumerables lagos de Canadá, con la ayuda de su canoa de cortezas de árbol, el indio pescaba abundantemente. Utilizaba grandes redes de fibra vegetal y otras de mano, o pescaba con caña y anzuelo. Algunas de estas tribus tenían, por lo demás, una lamentable costumbre; vivían al día. Para los miembros de estas tribus resultaba deshonroso almacenar alimentos.

En la frontera del estado de Arizona, el indio del sur cultivaba maíz, patatas, alubias rojas y tomates, pero dependía de las condiciones atmosféricas y con frecuencia sufría escasez y quizás hambre.

En las llanuras del centro, los cazadores sioux perseguían al bisonte. Estos pieles rojas no cultivaban la tierra ni pescaban, y dependían de los desplazamientos de la caza.

Salvo raras ocasiones, como cuando se celebraban grandes ceremonias, el indio comía poco: dos veces al día y frugalmente. Pero cada año tiene trescientos sesenta y cinco días, lo que suponía la necesidad de hallar setecientas treinta comidas anuales para él y los suyos. El problema era arduo y tanto más difícil si el indio tiene cuatro mujeres que le hayan dado dos hijos cada una. Pero el indio sorprendió a los primeros hombres blancos, enseñándoles a plantar el maíz, el tomate, a cocer almejas y a enterrar por la noche alubias en un agujero lleno de brasas para encontrarlas a la mañana siguiente cocidas y deliciosas. Todavía hoy se saborean en los Estados Unidos platos a base de maíz diestramente cocinados como el *Hominy* y el *Succotash.*

Era muy frecuente encontrar gran número

de perros en las aldeas indias. Si se mostraban ladradores y poco amistosos era sin duda porque su instinto les aconsejaba no dejarse atrapar por el hombre. El perro era para el indio lo que la gallina para el blanco. Un guiso de perro suponía una señal de amistad hacia el vistante y éste, halagado, se mostraba agradecido a su anfitrión.

Para servir un buen plato de perro, se cocía en una gran marmita y se acompañaba con una salsa complicada a base de hierbas escogidas. Era éste un manjar suculento que, al parecer, el rostro pálido no apreciaba. ¿Acaso su paladar no es tan delicado como el del piel roja?

Los pieles rojas nómadas, obligados a realizar largos desplazamientos, inventaron una excelente conserva alimenticia: el *pemmicam* (de *pimig*, que significa grasa).

Para fabricar pemmicam, la india utiliza la carne de bisonte desecada y reducida a polvo; mezcla esta carne, rica en proteínas, con médula de bisonte y semillas. Amasado todo a mano, consigue una pasta espesa que se conserva dentro de una vejiga de bisonte, que es impermeable; una vez llena se cierra herméticamente. Con un kilogramo de pemmicam, el indio subsistirá ocho días, tan alto es el poder energético de este alimento. No le preocupa el gusto que tenga; le basta contar con una conserva que le alimente y que le estorbe muy poco en sus viajes.

El indio aprovecha al máximo el cuerpo del bisonte, y si bien consume la carne fresca en el momento de la caza, piensa también en la época del año en que este gran animal abandona sus territorios de caza. Para hacer frente al hambre, el cazador y sus mujeres se afanan durante todo el verano, pues ésta es la época de acumular las reservas. Las indias cortan los cuartos del bisonte en filetes de un centímetro de espesor, de tal manera que una de las caras conserve una capa de grasa. Estos millares de filetes se exponen al sol sobre una armadura de troncos. Al cabo de tres o cuatro días, la carne está ya seca, deshidratada, y puede ser conservada durante todo un año. En el invierno el indio cocerá esta carne, que proporcionará la mayor parte de la alimentación de la tribu.

Los sioux estaban convencidos de que el Gran Espíritu había creado el bisonte para los indios y jamás se les pasó por la cabeza la idea de que este animal podría desaparecer algún días. Los blancos comprendieron que aniquilando al bisonte los indios no sobrevivirían. Esto sucedió cuando el general Sheridan lanzó su famosa frase: «¡Sin bisontes, se acabó el indio!». Uno de los que más contribuyeron a extender el hambre, el coronel William Cody, mató él solo cinco mil bisontes en diecisiete meses; fue llamado *Buffalo Bill.* El general Sheridan declaró más tarde que «los cazadores de bisontes habían hecho mucho más en dos años por la solución del problema indio que el ejército en diez». Los pieles rojas odiaron intensamente a este detestable personaje. Cuando, hacia finales del siglo XIX, declaró que «el único indio bueno es el muerto», los orgullosos sioux lanzaron el grito de guerra, al que se unieron los cheyennes.

En el oeste, hacia 1695, un rostro pálido dijo que había visto pasar durante cinco días una interminable manada de bisontes, y que ésta se extendía a lo largo de cinco kilómetros. Aquel hombre blanco no se había equivocado; los bisontes eran innumerables en las praderas, y en aquella época resultaban más numerosos que los hombres. A pesar de esta abundancia, el indio jamás mataba más animales de los que podía consumir.

La caza se practicaba de dos maneras: aproximándose a pie y persiguiéndolo a caballo. Excluimos adrede la emboscada con fusil, que era practicada por los blancos y que jamás fue considerada por los pieles rojas como caza noble.

Para cazar a pie, el indio untaba su cuerpo con grasa de bisonte, a fin de enmascarar su olor humano y no despertar la desconfianza del rebaño. Se cubría con una piel de estos animales y, armado de arco y flechas, caminaba encorvado hasta mezclarse con ellos; a veces también se disfrazaba de lobo blanco. Bajo este camuflaje, el piel roja observaba, elegía la presa desechando las hembras y las crías y con certera puntería disparaba su flecha, directa al corazón, y el bisonte caía fulminado. Si fallaba, el animal herido provocaba el pánico en la manada y el indio moría pisoteado por miles de pezuñas.

Cuando los cazadores conseguían el número de bisontes necesarios se deslizaban fuera de la manada y asustaban a las bestias, que huían al galope. En el suelo quedaban los cadáveres.

La caza a caballo se practicaba de manera diferente pero no menos peligrosa. Aquí no había truco alguno, todo se basaba en la habilidad. Los cazadores, armados de arcos o lanzas, montados sobre un *pony* ágil y resistente, se colocaban a un flanco de la manada. La estrategia consistía en espantar a los bisontes y hacerlos correr hasta que los hombres situa-

dos a la cabeza de la manada les obligaban a describir un amplio círculo. El círculo se cerraba poco a poco y los bisontes que iban a la cabeza se unían a los últimos, corriendo tras ellos.

Estos gigantescos torbellinos eran impresionantes. Los machos mugían y el martilleo de las pezuñas sobre el suelo originaba un estruendo tan grande que parecía una tormenta; el fragor podía escucharse a varios kilómetros de distancia.

Galopando al exterior de este tumultuoso círculo, el indio no dirige a su caballo con la brida, como hace el blanco; gobernado por las rodillas, el *pony* está tan bien domado que no comete equivocaciones. Al llegar a la altura de un gran macho conserva su velocidad y el indio tensa el arco. La flecha se hundirá hasta las plumas en la paletilla del bisonte. Al derrumbarse el animal, el caballo se apartará instintivamente y se aproximará a otro. Y cuando se le han acabado las flechas el indio prosigue la caza con la lanza. Con frecuencia un macho la romperá al caer, arrastrando así al valiente jinete.

Al concluir la caza el indio esperaba durante varias horas a que se dispersara el torbellino de la manada. A veces también sucedía que al final de una partida de caza no regresaban todos los *ponies* con sus jinetes. Pero esto era habitual entre los valientes pieles rojas, acostumbrados a pelear para vivir y para morir.

LA RELIGIÓN

En 1866, cuando Go-Hla-Yeh, Jerónimo, el famoso jefe apache-chiricahua, fue invitado a Fort Davis para firmar un tratado de paz con los yanquis, visitó la población y, entre otros lugares, la iglesia.

El presidente de los Estados Unidos se frotó las manos, pensando que el indio, suficientemente impresionado por la fuerza de los blancos, permanecería en la Reserva de San Carlos, en Arizona. En realidad, Jerónimo, al volver con los suyos, declaró:

—Los blancos están locos. Se imaginan tener un dios y no lo tienen. ¿Cómo queréis que una divinidad tolere estar, aunque sólo sea un día, en una cabaña cuadrada, triste y sombría? ¡Los blancos no tienen dios! ¡Nosotros tenemos uno! ¡Nosotros somos los más fuertes!

La diligencia que llegó al día siguiente a Fort Davis trajo malas noticias: Jerónimo se había hecho fuerte en las montañas. Se necesitaron seis generales y más de cinco mil soldados para reducir al apache y a sus guerreros. La pugna duró cinco años. Jerónimo sólo se rindió cuando le faltaron combatientes y municiones.

El presidente de un poderoso país había creído impresionar a un indio. No había tenido en cuenta su manera de interpretar las cosas: en el momento de su rendición, veinte cabelleras de rostros pálidos colgaban del cinturón de Jerónimo. Como todos los pieles rojas, Jerónimo tenía un dios: Yas-Ta-Si-Na-Me, la Gran-Serpiente-Emplumada.

Aunque presentan cierta semejanza entre sí, los dioses de cada tribu poseen nombres diferentes. El sioux venera a Wa-Kan-Da, el Ave-de-Fuego, mientras que el iroqués adora a Manitú, el Espíritu-de-la-Tierra. El indio zuni llama a su dios A-Wo-na-Wi-Lo-Na, el Ser-del-Cielo, y reza también a su mujer, H'u-Ra-Tu-A-Tira, la Madre-Tierra. El del pawnee es Ti-Ra-Wa-A-Tius (el Padre-del-Cielo o el Padre-de-Arriba). El indio pueblo se halla protegido por Ka-Chi-Na, el Espíritu, y practica el culto de Ana-Sa-Zi, los antepasados. Los pies negros temen a la noche porque en este momento no puede verles Wa-Pa-Na-Na, la Estrella-que-se-Pone-tras-la-Montaña. En el sur de Alaska, los indios Goo-En-Hoot, los Fugitivos, se colocan bajo la protección de Kwu-Kwu-Ku-Li-Gye, el Ave-Trueno.

Los genios maléficos son innumerables entre los pieles rojas. Los peores son Ya-Woh-Nik, la Serpiente-que-no-se-Sacia-Jamás; Ig-Rak, el Ave-que-no-Duerme-Jamás; Tsa-Mak-Qua, el Monstruo-que-Jamás-se-Mueve.

Estos terribles genios residían en su mayoría en Dai-Swa-Ga-Ha, el Valle-de-los-Esqueletos, o venían del otro lado del Put-La-Gam-Muc-Ka, el Agua-que-Hiede, el mar. ¡Curiosa coincidencia, puesto que de allí vinieron todos los blancos!

Todos los espíritus buenos residían en los espacios infinitos de la Gran Pradera, en las cimas de las montañas, en los cauces de los torrentes. Cuando un indio quería «encerrarse» con su dios, trazaba un círculo en el suelo y se colocaba dentro; en los círculos sólo entraban los dioses benéficos. Los dioses maléficos frecuentaban las formas angulosas como los muros rectangulares de las iglesias de los blancos.

Veamos otro ejemplo de la lógica india en materia de religión: En 1737, cerca del río MacKenzie, un misionero católico francés explicaba a un jefe dené, que se llamaba así mismo Hombre-Supremo, todas las bondades de las que era capaz Dios Padre. El dené reflexionó largo tiempo y después afirmó:

—Tu dios es bueno, quiere la felicidad de todos los indios y será el dios de todos los denés. ¡He dicho!

El sacerdote, feliz, respondió:

—Entonces, reúne a los tuyos, vamos a rezar a tu nuevo dios.

—No —replicó el indio—, sería perder el tiempo; es el momento de la caza y nuestras mujeres tienen hambre. Tu dios es tan bueno que no vale la pena ocuparse de él, pues de allí no nos llegará ninguna amenaza. Vente conmigo. Es el momento de hacer la *medicina* para apaciguar a todos los dioses malos de los denés, porque éstos podrían estropear la caza.

El misionero no explicó al indio que el Dios bueno también podía encolerizarse y que, en este caso, su ira era grande: el indio no habría comprendido que un dios podía ser al mismo tiempo bueno y malo.

En el siglo XVII, la mayoría de los misioneros eran franceses y hablaban un lenguaje sutil y abstracto. El piel roja empleaba un lenguaje práctico, adaptado a su modo de vida. Para él, la religión del blanco era una buena *medicina* que guardaba su misterio.

Para el entendimiento entre blancos y pieles rojas resultaba indispensable la correcta interpretación de las ideas; pero esto no resultaba fácil.

En general, no se puede decir que los indios sean religiosos. Creen en demasiados y diferentes poderes. Y están dominados por la superstición. Tienen tabúes que no pueden franquear, talismanes que conservan con mucho cuidado y, aunque todos creen en un Gran Espíritu, en un Ser Eterno que es el dios de los dioses, combaten y honran a muchísimos genios buenos y malos. El peor de todos es O-Kee-Hee-De, el Espíritu-Malo. De norte a sur, el Ser Supremo se halla representado por un águila esquematizada que sujeta con sus garras unos rayos de los que emergen llamas; es el Ave-Trueno o el Ave-de-Fuego. Esta figura aparece en una antigua leyenda india.

Cerca del río Missouri se encuentra un monte cuya cima lleva el nombre de Nido del Trueno. Allí pone sus huevos el águila entre un horrible estruendo. Cuando nacen sus aguiluchos, brotan rayos del cielo y se desencadena una tempestad. El ave es eterna, pero no puede reproducirse porque su macho es una serpiente que mata con su lengua a las crías nacidas. Son muchos los chamanes que la han visto y es tan pequeña como la cabeza de un alfiler.

Esta leyenda dio origen a la serpiente emplumada de los apaches del sur.

El Gobierno de los Estados Unidos colocó en su escudo un águila con el rayo entre sus garras; la inspiración procede sin duda alguna de la famosa Ave-Trueno india.

A fin de que los dioses benéficos dominen a los maléficos, los iroqueses de Canadá les reúnen en sus postes-tótemes, donde los esculpen de manera muy artística. Así, éstos admiten la superioridad de los dioses buenos sobre los malos, mientras que en el sur, los sioux piensan lo contrario. Las esculturas de los tótemes cuentan también la historia de la aldea y es a menudo difícil para el profano separar las imágenes religiosas de los hechos bélicos.

El único lazo común entre las diferentes tribus parece ser la práctica del calumet. No debe confudirse pipa con calumet: la pipa es un placer para el indio y su mujer. El calumet, aunque tenga la misma forma y menos adornos que la pipa, posee carácter sagrado. No voy a hablar del calumet que los blancos fabricaron para servir de objeto de trueque y que unía lo útil a lo agradable, siendo a la vez pipa y hacha cuyo mango hueco se utilizaba como boquilla. El indio sólo lo usaba como pipa corriente, pero quizás el blanco pensaba que el piel roja era capaz de fumar con un amigo y aplastarle después el cráneo.

El calumet es un objeto precioso fabricado por los indios con materias nobles. La boquilla está hecha de madera rara, de cuerno o de hueso, laboriosamente esculpida, trabajada y adornada. La perforación del conducto interior exige mucho cuidado y habilidad, pues sólo se puede lograr a fuerza de desgaste con la ayuda de una aguja de hueso o piedra y de arena muy fina. La cazoleta sólo puede proceder de una cantera de piedra roja situada en un lugar sagrado. Los indios lo llaman Chan-Dee-Pah-Sha-Ka-Free, la Piedra-Roja-de-Pipas.

La cantera se encuentra en el sitio donde el río Saint Peter se separa del Missouri. Todas las tribus acuden a aprovisionarse allí y, aunque sean enemigas, respetarán las reglas de la tregua, pues fue en ese lugar, según cuenta la leyenda, donde el Gran Espíritu se sentó para descansar hace muchísimo tiempo. Como

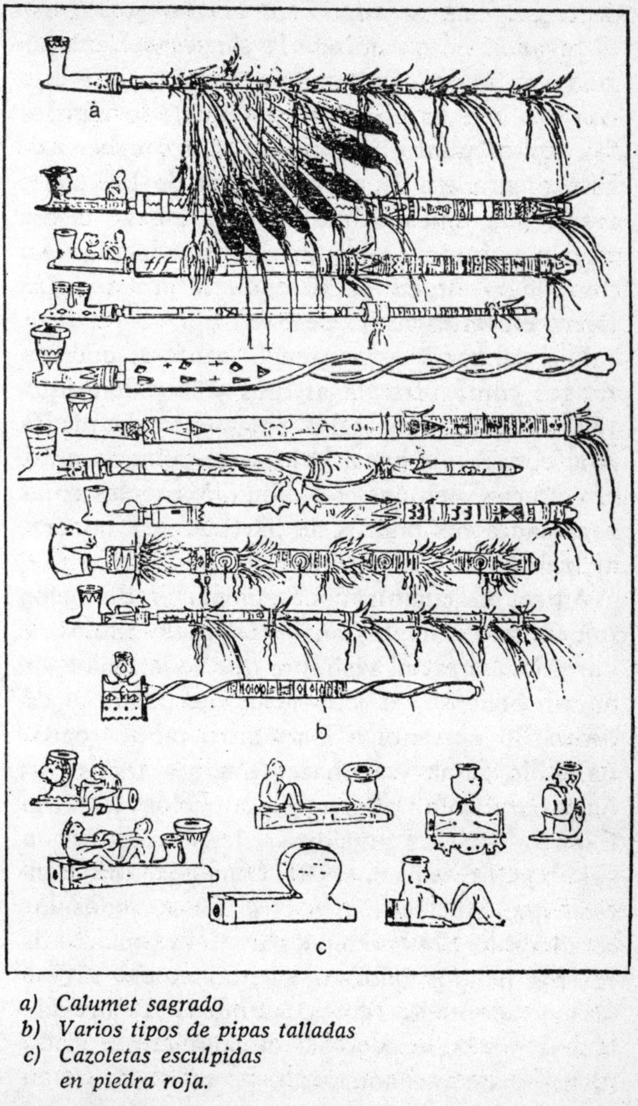

a) Calumet sagrado
b) Varios tipos de pipas talladas
c) Cazoletas esculpidas en piedra roja.

tenía hambre, se comió un bisonte y por eso el lugar se enrojeció con la sangre del animal. Una vez hubo comido, el Gran Espíritu hizo con sus manos el primer calumet; lo elevó a los cuatro puntos cardinales e hizo saber que esta piedra era la carne misma de los pieles rojas, que todos deberían hacer pipas de esa piedra y fumar como había fumado él a fin de que el humo se extendiera por toda la tierra en un mensaje de paz.

Las tribus se reúnen en la cantera; queman tabaco como ofrenda al dios y le piden autorización para tomar un fragmento de piedra roja con el que hacer calumets. Como la autorización es siempre concedida, los pieles rojas regresan a sus puntos de partida para ponerse al trabajo.

Antes de cualquier ceremonia o discusión importante, en el Consejo de los Sabios, o para demostrar al visitante que se le recibe sin ánimo belicoso, el jefe de paz enciende el calumet, lo presenta a los cuatro puntos cardinales, lo fuma y lo hace fumar a todos. Así ha atraído sobre el grupo la atención del Gran Espíritu, que les presidirá y les iluminará con sus buenos consejos. El Consejo sabe también que gracias a esta costumbre, todos los reunidos tendrán tiempo para reflexionar. Los rostros pálidos habrían ganado mucho si hubiesen adoptado esta costumbre. Terminada la ceremonia, se deposita el calumet en un estuche ricamente adornado.

Si el blanco se pregunta si desciende del mono, el piel roja sabe que él desciende del Águila Real; por esto los bravos adornan sus cabezas con plumas de esta ave. Por lo que se refiere a los orígenes, resulta interesante comprobar que el génesis de los choctaws comprende un diluvio y un arca de Noé que recuerdan mucho las creencias de los blancos.

Los mandans, como los sioux, tienen una interesante versión del nacimiento del mundo; he aquí la ceremonia anual que responde a esa creencia:

Un buen día, en el campamento de los mandans estalló un ruidoso zafarrancho: Los mandans corrían en todas direcciones como amenazados por un peligro inminente. Las mujeres ataban a los perros y recogían los caballos en las cabañas, los bravos se pintaban la cara de negro, subían a los tejados de las cabañas y tensaban sus arcos dispuestos a disparar. Todos miraban en la direción del Sol poniente. Era la Mee-Nee-Ro-Ka-Ha-Sha, la Ceremonia-de-la-Retirada-de-las-Aguas. De repente aparecía en el horizonte un punto que aumentaba de tamaño poco a poco. Sin duda alguna se trataba de un rostro pálido.

Aunque parezca increíble esta aparición personificó siempre al hombre blanco mucho antes de que Colón pisara suelo americano.

Según la figura se iba acercando podía verse mejor su cuerpo, recubierto con arcilla clara; andando pomposamente franqueaba los límites de la aldea y llegaba por fin al lugar donde le esperaba el Consejo. Todos tocaban su mano, le felicitaban, le agasajaban. Aquel hombre llevaba los hombros cubiertos por dos pieles de zorros blancos en forma de capa; su tocado se componía de plumas y cabezas de cuervos. En la mano portaba un calumet suntuosamente decorado con piel de armiño y plumas raras. Tomando la palabra, declaraba ser Nu-Mohk-A-Nah, el Hombre-Solo o el Primer-Hombre, procedente de un país que había sufrido un horrible cataclismo. Tras unas terribles lluvias, las aguas habían crecido y la tierra desapareció. Apenas pudo escapar en una gran canoa y sólo al cabo de muchas lunas había llegado a una alta montaña donde hizo pie. Desde aquella montaña del oeste venía a advertir a sus hermanos que ofrendaran a las aguas una herramienta aguzada, o las aguas invadirían el mundo y nadie podría escapar. Los indios le entregaban cuchillos y hachas y él precisaba que con herramientas semejantes había construido su gran canoa. El Hombre-Solo pasaba la jornada con los mandans, formulando hechizos. A la noche se marchaba por el mismo camino que había traído y nadie volvía a verle durante un año.

Esta ceremonia se celebraba el día en que brotaban las hojas del sauce. «El día en que la tórtola trajo la rama cubierta de hojas», precisa la tradición. Esta ave, llamada Ave-Medicina, era tan respetada que los mandans enseñaban a sus perros a no atacarla nunca.

El piel roja cree en la existencia del alma. Cuando el indio se siente admirado o embobado ante algo suele abrir la boca en un gesto de sorpresa, pero rápidamente la cubre con su mano a fin de que su alma no escape del cuerpo.

LOS «HEE-MA-NEH» Y «LOS CONTRARIOS»

El piel roja disfruta de gran libertad de pensamiento y de acción. Sus hermanos de raza, al verle acometer las cosas más inverosímiles, no le critican, ni se burlan de él si su conducta no perjudica el honor y el buen nombre de la tribu.

Aunque el indio es prudente, lógico y reflexivo, su prudencia cede a menudo ante sus fantasías, que pueden conducirle a los peores excesos. El Hee-Mah-Neh y el Contrario son dos sorprendentes ejemplos de esta afirmación.

No todos los indios de una tribu son cazadores y guerreros. Como en cualquier otra comunidad, hay cobardes, o digamos que existen hombres que no sienten inclinación alguna por la vida ruda de los combates o por los riesgos de la caza del oso.

Puede suceder que, hacia la edad de la pubertad, el joven indio no manifieste ninguna afición por las grandes hazañas que exigen fuerza y temeridad; cuando oye a los bravos contar sus proezas al retorno de una batalla, su corazón no vibra. Todo lo contrario, estos relatos pueden desagradar a este corazón sensible e impulsarle a escoger otro destino completamente diferente. ¡Se hará, pues, Hee-Ma-Neh!

Mientras los demás muchachos de su edad se entrenan en el tiro con arco y en el manejo del *tomahawk*, él se aproxima a las mujeres, las observa adornar con sartas de cuentas un vestido de piel de bisonte, admira el delicado trabajo o ayuda a enhebrar las agujas de hueso. Lentamente, sus modales cambian, presta más atención a su atuendo y a su arreglo personal, ayuda a las mujeres a recoger leña, se mueve en torno de los trípodes en cuyo centro hierven las marmitas y se interesa por las recetas culinarias. Después, un día, ciñe a su frente una tira de piel bordada. Como la banda que rodea a sus cabellos es una coquetería reservada a las mujeres, se empieza a murmurar en la tribu: «War-Rah-Pa, el Castor, va a convertirse en Hee-Ma-Neh».

Tras haber abandonado su condición de hombre, War-Rah-Pa no será despreciado por los suyos; sencillamente todos aceptarán la vida que ha elegido. A su paso, los hombres no se llevarán la mano a la boca, pues burlarse de War-Rah-Pa sería inferirle un ultraje, deshonrándose a sí mismo.

Entre los iroqueses llegaron a ser célebres varios He-Ma-Neh y era precisamente entre ellos donde más frecuente resultaba esta desviación. Sin embargo, otras tribus tenían también Hee-Na-Neh, los cheyennes por ejemplo.

En el clan de los iroqueses las mujeres formaban parte del Consejo de la tribu, siendo escuchadas por los más valientes guerreros que no dudaban en seguir sus orientaciones. Los Hee-Ma-Neh también participaban en el Consejo en cuanto mujeres y podían desempeñar lo que nosotros llamamos ahora cargos de política interior.

Sin embargo, el Contrario seguía una vía diametralmente opuesta a la del Hee-Ma-Neh. Este bravo entre los bravos se encontraba sobre todo en los cheyennes. Pero antes de continuar explicaremos las motivaciones que determinaron la aparición del Contrario.

Estos cheyennes, intrépidos y valientes, vivían en una ruda comarca donde la supervivencia exigía una lucha constante. Rodeados por la numerosa familia de los sioux, representada por madans, dakotas, hunkpapas, crows, iowas, oglalas, osages y kansas, por no citar más que las principales, los cheyennes tenían que enfrentarse a una difícil tarea. Los sioux cuyo nombre en algonquino significa «extranjero», no ocuparon siempre la Gran Pradera, sino que en tiempos lejanos habían sido expulsados del nordeste por los iroqueses. Obligados a instalarse en la pradera, expulsaron a su vez a los cheyennes, convirtiéndose en sus enemigos. Los sioux llamaban a los cheyennes Shy-El-As, lo que significa en su lenguaje: los Hombres-de-Lengua-Extranjera.

Hacia el año 1750, entre las montañas Rocosas al oeste y el río Mississippi al este imperaba la susceptibilidad y la agresividad de los famosos cheyennes. Por la fuerza de los hechos se habían tornado belicosos. Algunos de ellos lo fueron hasta tal punto que adoptaron un comportamiento extraño.

El caso que mejor ilustra el tipo del «Contrario» es el de Ee-A-Chi-Che-A (Trueno-Rojo), hijo del jefe Eeh-Tonkh-Pah-She-Pee-Shah (Mocasines-Negros). Estos hechos fueron conocidos y relatados por un misionero y confirmados por Catlin, que se los oyó contar al mismo Trueno-Rojo.

Apenas abandonó la cuna que su madre portaba a la espalda, Trueno-Rojo se interesó por las armas. Su padre le enseñó a fabricar un arco acomodado a su estatura y después flechas. Y cuando la nieve hubo cubierto el suelo ocho veces, se reveló que Trueno-Rojo sería un gran guerrero, gracias tanto a su destreza como a su fuerza. Acompañaba ya a Mocasines-Negros en las incursiones que éste organizaba para robar caballos a los sioux. Al comienzo sólo se le autorizó a guardar los caballos mientras que los bravos se arrastraban hacia los cercados enemigos. Pero, tras varias expediciones, ya pudo participar en aquellas acciones y después, un día, se produjo el gran «encuentro». Trueno-Rojo tenía un hermano que una mañana había partido con algunos valientes para combatir contra una partida de sioux acampada no lejos de allí. Por la noche regresaron los guerreros, pero el hermano de Trueno-Rojo volvió atravesado sobre su caballo, con una lanza clavada en la espalda; su *saco-medicina* había desaparecido. Trueno-Rojo, con lágrimas en los ojos, extrajo la lanza del cuerpo de su hermano e hizo voto de reconquistar su honor. Todos sabían que aquella hermosa lanza pertenecía a un valiente sioux osage llamado Te-O-Kun-Kno (Hombre-Rápido). Trueno-Rojo la guardó en su tipi y esperó durante tres años, al cabo de los cuales, no pudiendo esperar más, blandió la lanza, aún manchada de sangre, y anunció que partía para recuperar el *saco-medicina* de su difunto hermano.

Trueno-Rojo conocía bien la aldea de Hombre-Rápido y cuando llegó allí era aún de día. El cheyenne localizó el tipi de su enemigo y al caer la noche, burlando la vigilancia de los centinelas, se deslizó en la aldea. El osage acababa de acostarse al lado de su mujer cuando Trueno-Rojo entró en la tienda. Éste sabía que en la penumbra su enemigo no podía reconocerle y, por consiguiente, se acercó al fuego cubierto de cenizas y, tomando algunos alimentos de una marmita, sació su hambre.

De repente la mujer preguntó a su marido:

—¿Quién es este hombre?

—Déjale, mujer, este bravo tiene hambre; que coma —respondió Hombre-Rápido.

El cheyenne sabía que es costumbre entre los osages, al igual que en todos los indios de las praderas, que cualquier hombre hambriento pueda entrar en un tipi para recuperar sus fuerzas. Sabía también que su enemigo no podía preguntarle la razón de su presencia sin cometer una grave descortesía.

Para consumar mejor su venganza, Trueno-Rojo encendió la pipa de Hombre-Rápido y se puso a fumar sin más formalidades. Tras desvaniecerse la última volunta de humo, el cheyenne llevó su mano derecha al mango del cuchillo y, aferrando la lanza con la mano izquierda, se alzó frente su enemigo. Respetuoso de sus obligaciones ante un hombre que acababa de darle de comer y de fumar, dijo:

—¡Hombre-Rápido, te estoy agradecido!

Y antes de que el osage hubiese podido emitir un sonido le clavó la lanza en el cuerpo, le arrancó su *saco-medicina* y desapareció en la noche llevándose la pipa de su víctima.

Al volver a su aldea, Trueno-Rojo fue muy agasajado y se elogió su acción. A partir de aquel día tomó el nombre de Taw-Che-Ke-Sug-Ga (El-que-Mata-a-los-Osages).

Tras esta resonante victoria El-que-Mata-a-los-Osages pasó largos períodos en la tienda ritual y tuvo «sueños». Una de estas visiones iba a convertirle en un Contrario: un puma perseguía a un perro de las praderas pero éste, fatigado y humillado por la huida, se detuvo y le hizo frente mostrando los dientes. El puma, sorprendido, preguntó:

—¿Estás tan loco como para combatir conmigo? Tu única oportunidad era la huida.

A lo que respondió el perro de las praderas:

—Era débil, pero al correr me he unido al Gran Espíritu; soy hijo del Águila y me protege con sus alas. ¡Ataca y morirás!

El puma huyó ante semejante valor.

Esta visión habría de orientar su nueva manera de vivir. Una mañana, un anciano del Consejo le vio revolcarse en la tierra y más tarde entrar en el río. Después hizo beber a su caballo. Al ver esto, el anciano se tapó la boca con la mano.

Las abluciones purificadoras de la mañana se desarrollaban según un proceso inmutable: el indio daba de beber a su montura, después se bañaba y, para secarse, se revolcaba en la tierra. Tras haber hecho todo esto al revés El-que-Mata-a-los-Osages se alejó montado en su caballo pero ¡vuelto hacia la grupa!

El rumor se extendió rápidamente por la tribu: El-que-Mata-a-los-Osages se había convertido en un Contrario. Para no faltarle al respeto, nadie le hizo pregunta alguna, pero todos le observaron disimuladamente. Un día, El-que-Mata-a-los-Osages salió de su tipi y se dirigió hacia el bosque. ¡Avanzaba de espaldas! A todos los indios les pareció normal; ¿acaso no era un Contrario su hermano?... Regresó del bosque provisto de una larga rama de sauce y se encerró de nuevo en su tienda.

A la mañana siguiente, todos aguardaban ante el tipi cuando salió El-que-Mata-a-los-

Osages. Estaba pintado de los pies a la cabeza y los signos narraban todos sus combates, todas sus victorias. Con una mano sostenía su lanza de guerra; con la otra, una vara curvada en un extremo adornada con plumas de águila y pieles de armiño y nutria. Era el Bastón-de-Perro-Guerrero. El-que-Mata-a-los-Osages, con un gesto decidido hincó su lanza en el suelo, se colocó delante y con voz fuerte afirmó:

—Ante vosotros he clavado mi lanza y me he puesto delante. La sangre brotará de mi corazón, pero jamás me pondré detrás si el enemigo está ante mí.

Y después, blandiendo la vara ricamente adornada, añadió:

—He aquí el Bastón-de-Perro-Guerrero, sus plumas me las dio el Ave-Trueno, la *medicina* del bastón es tan fuerte que al verlo los enemigos de los cheyennes caerán fulminados. Antes de que la nieve retorne colgarán de aquí muchas cabelleras. Los cheyennes no llorarán mi muerte porque ninguna flecha me herirá. Mi pecho es como la roca y el oso destrozaría contra él sus zarpas. Wakanda ha colocado los rayos en mis manos y los rayos traspasarán a nuestros enemigos. Los que me sigan alcanzarán la victoria.

En un silencio cargado de respeto, todos se retiraron para hablar del acontecimiento. Con su arenga, el cheyenne acababa de perder todos los nombres que hasta entonces había tenido. Ahora era para todos un «Contrario». El Bastón-de-Perro-Guerrero le tornaría invulnerable y desde ahora se llamaría Sho-Ka (El-Perro).

A primera vista, todo esto puede parecer inverosímil pero, analizando los sentimientos indios, veremos que no hay nada anormal en la conducta de Shon-Ka. Entre estas tribus sioux constantemente inquietas, el Perro-Guerrero cheyenne defendía con fe y pasión, a menudo incluso con exceso, las convicciones de su clan. El padre tenía el deber de inculcar en su hijo los sentimientos que harían de él un valiente guerrero, sólo así podían sobrevivir todos los miembros de la tribu.

El joven cheyenne aprendía el manejo de las armas antes de saber ponerse los mocasines. Incluso llegaba a suceder, como en el caso de Shon-Ka, que no pensara en otras cosas. En esa fase, el indio que quería mostrar a los demás que sólo le interesaba el combate, hacía todas las cosas al revés y se convertía en un Contrario. Éste, mostrando su desdén y su despego respecto de las cosas corrientes de la vida, duerme durante el día y vela por la noche. Si debe asistir al Consejo para tomar una decisión de orden interno de la tribu, a fin de no ofender a sus hermanos se sienta en el círculo de los notables, pero se cubre la cabeza con una manta haciendo así saber que presta su cuerpo pero que su espíritu está en otra parte..., en los caminos gloriosos del combate.

A pesar de las molestias que provocaba su conducta en el clan, este bravo era vivamente respetado porque se sabía que en la próxima expedición guerrera recobraría sus hábitos normales, que clavaría su lanza en el suelo, se colocaría delante y, cualesquiera que fuesen los asaltos del enemigo, jamás retrocedería. Con su Bastón-de-Perro-Guerrero en la mano combatiría hasta la muerte.

Muchas expediciones representaban un sentido deportivo de la valentía. Matar a un enemigo famoso por su bravura era honroso, pero volver al campamento con la lanza o el hacha de éste sin haberle herido era aún mejor. ¿Acaso no había multiplicado los riesgos el glorioso combatiente al comportarse así? No solamente se había aproximado al enemigo lo suficiente como para recibir sus golpes, sino que no matándole había corrido el riesgo de que éste le persiguiera.

Un guerrero conseguía gran notoriedad si un testigo podía afirmar haberle visto en el combate tocar al enemigo sólo con la mano. Pero la hazaña suprema era regresar a la aldea con el *saco-medicina* arrancado al enemigo. Así, paradójicamente, se le mataba dos veces dejándole con vida: por una parte, el desposeído era rechazado por los suyos, que le considerarían como muerto; por otra, él mismo se sabía como un cadáver, sin alma, puesto que al no tener *saco-medicina* para protegerle se hallaba indefenso ante la amenaza de los espíritus malignos y sólo podía atraer la desgracia sobre sí mismo y los suyos.

LOS JEFES Y LOS BRUJOS

En el curso de su historia el piel roja recibió del hombre blanco múltiples calificativos: salvaje, bárbaro, villano, ignorante. Por sus costumbres y por su indolencia, el indio pudo parecer efectivamente inculto y carente de organización; pero la realidad era otra. ¿Sabéis, por ejemplo, que la Liga Iroquesa se hallaba tan bien administrada que su Constitución fue adoptada, con pocos cambios, por el primer Gobierno de los Estados Unidos en 1776?

No entraremos aquí en los detalles de esta organización política, pero vamos a examinar, sin embargo, las diferentes formas del poder y el papel de los jefes en la organización interna de las tribus.

En el sur, los natchez se hallaban divididos en dos clases: la aristocracia y el pueblo. Todos eran gobernados por un rey llamado «Sol». Este rey, respetado por todos, tenía poder absoluto, y a la muerte del divino Sol todos sus servidores le seguían a la tumba, a la manera de los antiguos egipcios.

En Canadá vivían los denés. Esta gran familia dio origen a numerosas tribus de las praderas; de ellas las más conocidas son: los apaches, navajos, zunis y hopis. Los denés vivían en régimen de castas, totalmente separadas unas de otras con una gran diferenciación social. Esto creaba verdaderos problemas en lo que se refiere a los matrimonios. Cuando una unión juntaba a dos castas diferentes, el yerno se veía obligado a no mirar jamás a su suegra, lo que en la exigüidad de una cabaña no dejaba de crear complicaciones. Los que pertenecían a la casta inferior eran designados por los otros con una significativa expresión: Los-que-Hieden. En nuestros días todavía subsiste en la India un sistema de castas análogo.

En el centro de este inmenso territorio, entre los indios de las praderas, las funciones de los jefes se hallaban repartidas y distribuidas según cierta lógica. Estos pueblos guerreaban a menudo, por lo que resultaba indispensable un jefe de guerra. Pero también había tiempos de paz en los que se hace sentir la necesidad de un jefe de paz.

Entre nuestros prudentes indios de las praderas resultaba inconcebible que un mismo hombre gobernase en todo momento. La guerra y la paz exigen conocimientos precisos y diferentes que necesitan la presencia de dos grandes especialistas. Sin embargo, siendo la guerra y la paz estados pasajeros, cualquiera que fuera el del momento, la tribu subsistía, pues un jefe de tribu la gobernaba. Tampoco olvidaban lo espiritual, lo religioso, y la competencia del chamán para esta especialidad era reconocida por todos.

Esta separación de poderes y su diversidad explican la presencia de cada especialista en toda discusión con los blancos.

Para un tratado de paz, el jefe de paz consultaba con el jefe de guerra. ¿No será deshonrosa esta tregua para sus valientes y para él mismo? Consultaba asimismo con sus consejeros. ¿Qué consecuencias tendrá todo esto para la tribu? El jefe de tribu daba su opinión tras haber consultado también con sus consejeros. Al terminar la guerra, el jefe de paz, que recuperaba el poder y sus prerrogativas, consultaba con sus consejeros y, argumentos en mano, sopesaba las decisiones.

Pero antes de llegar a un compromiso definitivo también se debía conocer la opinión del chamán. Él, que era el único que no tenía consejeros, decía si los oráculos eran favorables para una buena paz. De uno a otro y al cabo de dos o tres días de discusiones, de reflexiones y de titubeos, les era comunicada la decisión a los impacientes rostros pálidos.

Veamos ahora el papel que desempeñaba cada uno de estos jefes.

El jefe de guerra: su nombramiento se debía a sus numerosas victorias. A esta categoría se llegaba por el renombre adquirido y su papel era provocar las guerras, suscitar vocaciones de guerreros y crear una saludable emulación entre los jóvenes bravos. Si este valeroso jefe veía a sus valientes impacientes ante una paz demasiado larga, consideraba las razones y ventajas de un conflicto, se reunía con el Consejo de los Sabios y decía, poco más o menos, lo que sigue:

—Hermanos, desde hace más lunas que hojas hay en los árboles, nuestros bravos viven como mujeres. Nosotros, sioux, temidos y famosos por nuestro valor, estamos cubiertos de vergüenza. Mi corazón está triste. Mis ojos se llenan de lágrimas porque sé que los comanches, nuestros enemigos, se ríen de nuestra cobardía. Vosotros, Consejo de la tribu, que sabéis lo que fue el valor de nuestros padres y el de los padres de sus padres, ¿vais a soportar este insulto por más tiempo? Nuestros bravos dicen que se dejarán morir de hambre si no combatimos pronto. ¿Vamos a dejar perecer a nuestros feroces guerreros de una muerte inconfesable? ¡Mi corazón os habla y espero la respuesta!

Por razones de prestigio, de vocación y también porque la finalidad del guerrero es pelear, el deber del jefe de guerra consistía en conducir a los valientes al combate y acumular victorias. El jefe de guerra se comportará valientemente en la pelea y no permitirá que su fama desmerezca. Puede que pierda una batalla, pero a la segunda derrota quedará deshonrado. Un joven ambicioso le retará a combate en el que pondrá en juego su jefatura.

Las guerras entre indios se declaraban por el prestigio de la tribu. Además, debían contribuir a un enriquecimiento en *sacos-medicina*, caballos y mujeres, y proporcionar un codiciado botín.

Mediante su valiente comportamiento, el jefe de guerra mantenía en tensión a sus hombres; éstos, envidiosos de los méritos del jefe, sólo tenían una idea: igualarle o superarle. Esta emulación resultaba saludable para todos, pues el clan así respetado vivía seguro en su territorio. Los iroqueses lograron tal notoriedad que ningún pueblo osó atacarles. Los algonquinos llamaban a los iroqueses las Verdaderas-Víboras, lo que nos ilustra sobre su reputación.

El jefe de paz era generalmente un anciano que por su prudencia actuaba como espíritu moderador del grupo guerrero del clan. No era elegido, sino que su autoridad se imponía poco a poco porque sólo él podía apaciguar a los más impulsivos y frenar sus excesos. En medio de estos bravos combativos él se convertía en abogado de la causa perdida, pero su papel resultaba importante porque de sus sabios consejos siempre quedaba algo. Velaba por el buen orden de la tribu, sermoneaba a los jóvenes exaltados, siempre dispuestos a pelear por trivialidades. El jefe de paz celebraba las audiencias en su tipi: arbitraba en las diferencias, escuchaba las quejas, determinaba el precio de las indemnizaciones; era un juez recto.

El jefe de tribu no era un monarca, sino un hombre elegido por el Consejo, que reconocía su valor en un marco muy estricto. Si se anunciaba la presencia de bisontes, era él quien organizaba la expedición, determinando el número de reses que había que abatir, y al retorno de los cazadores realizaba la distribución de las pieles y la carne. Era también él quien daba la señal de partida en las largas marchas que los sioux nómadas realizaban cada año en busca de caza. Cuando decidía que había llegado el momento de levantar el campo, sus mujeres desmontaban el tipi e inmediatamente todo el clan hacía otro tanto. Él gobernaba la tribu. Sin comprender las más de las veces a qué se comprometía, firmaba con una cruz los tratados con los chaquetas azules del ejército yanqui. Era el sello y la palabra de la tribu. Si su poder no se manifestaba de manera tan espectacular como el de los otros jefes, prevalecía sin embargo sobre todos los demás; en el Consejo era él quien decía la última palabra.

Sin tener título de jefe, el chamán era, a su manera, el más temible, puesto que los dioses se manifiestan por su boca. La arenga del brujo era doblemente escuchada, pues amenazaba con los peores males a quien ignorase sus consejos. En sus «sueños» se le aparecía el Gran Espíritu, cuyos deseos debían ser respetados por todos los miembros de la tribu.

El chamán es el misterio de las *medicinas*, el confidente de los dioses. Usando y a veces abusando de esas prerrogativas, logra la lluvia y el buen tiempo. Cuando se prepara una batalla, el chamán, si lo desea, hace cesar con una palabra todos los preparativos, alegando que las *medicinas* son desfavorables. Si el jefe de guerra le convierte en su aliado, puede desenterrar el hacha de guerra, haciéndole declarar que las *medicinas* son buenas y que el Gran Espíritu reclama una victoria.

Un brujo puede tener una *medicina* tan grande que incluso lleguen a consultarle las tribus enemigas. Para el chamán, esto significa llegar a la cumbre, como le sucedió a Toro-Sentado cuando reunió a los sioux hunkpapas de Caballo-Loco, a los dakotas de Nube-Roja, a los oglalas, a los crows, a los cheyennes y a los misuris para aplastar el 25 de junio de 1876, en Little Big Horn, a las tropas del general yanqui George Custer.

Las funciones y títulos que acaban de describirse son propias de los sioux y difieren totalmente de las otras tribus.

En efecto, mientras que los sioux tienen pocas consideraciones para la mujer, los iroqueses, por el contrario, no dudan en confiarle el poder. Consideran que, por su condición, la mujer es más capaz para juzgar determinadas situaciones que escapan a los hombres. Cuando se trataba de ir a guerrear contra los hurones la iroquesa sabía que, como en cualquier otra tribu de pieles rojas, no se puede hacer una tortilla sin cascar los huevos.

Por un largo hábito y una constante observación, sabía las consecuencias de estos choques: los bravos regresaban atravesados sobre los lomos de los caballos o tendidos en el fondo de las canoas. A partir de aquel momento, estos hombres merecían un nombre evocador: los Guerreros Mudos. Así la mujer utilizaba su derecho a hablar en los Consejos para hacer prevalecer sus argumentos.

La mujer india, sobre la que recaen todas las cargas del hogar hace ver a los hombres los inconvenientes de algunos actos, y sus advertencias no las desdeñan los valientes iroqueses. Varias mujeres iroquesas, cuyo saber, firmeza y flexibilidad fueron reconocidos, accedieron al poder. Gobernaron tribus que no tuvieron motivo para quejarse de sus juiciosas decisiones.

Una de éstas fue denominada con una palabra que puede traducirse por Hombre-Mujer. Por este nombre, colocando primero el término *hombre*, el Consejo hacía saber que la consideraban ante todo como un bravo que sin embargo conservaba en sí todos sus atributos de mujer.

Tras la muerte del jefe mohaw Na-Ne-Pa-Che-Nat, tomó el poder su mujer. El Consejo de la tribu la llamó Mujer-Brujo. Los blancos llegaron a reconocerla incluso como Reina del Massachusetts.

LOS CABALLOS

Ningún hombre ha visto nunca que un destacamento de jinetes blancos alcanzase a un grupo de jinetes indios. Cuanto más larga era la persecución y más accidentado el terreno, más ventaja cobraban los pieles rojas.

Para explicar este fracaso, el blanco aduce mil razones: su montura ensillada soportaba más peso que la del indio; la caballería de los Estados Unidos remolcaba cañones mientras que el indio tenía plena libertad de movimientos; los blancos, prudentes, ordenaban hacer algunas paradas para descansar, mientras que los pieles rojas, aterrorizados, huían desenfrenadamente, agotando a sus monturas, y cien excusas más.

Ninguna de estas razones es válida. Es preciso admitir sencillamente que los pieles rojas poseyeron siempre mejores caballos que los rostros pálidos.

El indio vive en las praderas, en la proximidad de los mustangos. Mediante una observación constante de la manada conoce bien a cada animal, asiste a los nacimientos y advierte en seguida las cualidades excepcionales de un potro. Cuando se halla en edad de ser montado, es ese potro y no otro el que el indio captura. Hace la selección, viendo crecer al animal, espiándolo a menudo durante dos años o quizá más tiempo.

El caballo que el piel roja prefiere es el *pony*, y el caballo pío «apanterado». No sólo es rápido y resistente, sino que presenta, gracias a la disposición de las manchas de su piel, el más perfecto de los camuflajes. Será menos visible que el gran caballo negro o bayo del rostro pálido.

El caballo del indio es capaz de hacer por su dueño más cosas de las que hará el del hombre blanco. El indio está constantemente con su *pony* y con frecuencia, como en el caso de los mandans, el hombre y la bestia duermen en la misma estancia. Esta vecindad crea entre montura y jinete unos lazos inexistentes en el caso del rostro pálido, que abandona a su caballo en la cuadra para no volver a verlo hasta el día siguiente.

El blanco dice que el caballo es «la más bella conquista del hombre». El indio dice que el *pony* es el «mejor amigo» del hombre.

Antes de una larga carrera, el indio se acerca a su caballo y le explica el esfuerzo que deberá rendir. El *pony* lo entiende y asegura a su amo su devoción, relinchando y rascando la tierra con los cascos. Los blancos pretenden que el caballo no puede comprender el lenguaje del hombre, pero el indio sabe muy bien que ese entendimiento es posible gracias a un largo aprendizaje.

Entre los pieles rojas, el caballo participa en las festividades y aprecia plenamente el honor que se le hace. Si el sioux estima que debe una victoria a su valiente *pony*, en vez de admitir la pluma de águila que adornaría su cabeza, se la ofrece a su compañero. Cuando se celebran grandes ceremonias, los caballos son adornados como los hombres, y lucen tocados de plumas, cabelleras y otras insignias de bravura.

Desde que el piel roja comenzó a capturar caballos, realizó una selección. Poco a poco creó, mediante la evolución, una raza famosa por la pureza de su línea, por su rapidez y valentía: el famoso Appaloosa. La piel de este espléndido animal es negra o baya oscura, salvo los cuartos traseros, que son de un blanco manchado. Aún hoy es tan apreciada la raza que ha dado lugar a un comercio importante.

Antes de la llegada del caballo al continente, eran los perros los que arrastraban los fardos en los largos desplazamientos. Como estos pequeños animales no podían llevar grandes cargas, el indio, o más bien su mujer, se encargaba del excedente de equipaje. Los desplazamientos eran lentos y penosos, pero con el caballo todo esto cambió.

Parece útil explicar aquí cómo transportaban la carga, ya que los pieles rojas no conocían la rueda.

Cuando el jefe de tribu daba la orden de levantar el campamento, se desmontaban todos los tipis. Las largas varas que los sostienen servían para montar un elemental sistema de arrastre. Dos de estas varas se colocaban en forma de V cuyas extremidades se unían por tiras de cuero. La parte cerrada de la V se colocaba sobre el cuello del caballo, protegiéndolo con pieles. Los otros dos extremos arastraban por el suelo a cada lado del animal. Una vara transversal cerraba el triángulo y la carga se repartía sobre este remolque.

En las largas marchas del invierno, los desplazamientos eran lentos porque los perros se hundían en la nieve; pero con el caballo, más fuerte y de patas más altas, aunque la marcha fuera penosa por culpa del frío, resultaba mucho más fácil. Por esta razón la riqueza del indio se medía en caballos y éste hacía cualquier cosa por conseguirlos.

La aparición del caballo en el continente americano transformó la vida de los pieles rojas. Si bien se mostraban opuestos a las ideas de cambio de costumbres que muy a menudo quisieron imponerles los blancos, asimilaron las ventajas que podían extraer de tal o cual «importación». Los blancos mostraron a los indios todos los beneficios que les proporcionaba el caballo. Los indios domesticarían, pues, a su vez a las innumerables manadas que recorrían las praderas.

Muy rápidamente, los comanches se convirtieron en brillantes y terribles jinetes. El comanche domesticaba tan bien a su caballo que llegaban a formar una unidad. Se tornaba cómplice de sus astucias, tenía su valor, su paciencia y su impetuosidad. Mediante una simple presión de las piernas, el caballo se tumbaba sobre uno de sus flancos sin desmontar a su dueño, tornándose invisible entre las hierbas altas. Pasado el peligro, se alzaba al instante con su jinete. Los indios, completamente estirados tras el flanco de sus monturas podían recorrer largas distancias, dando a sus enemigos la impresión de que veían pasar una manada en libertad. Aferrado al costado de su montura, el comanche, mediante un largo entrenamiento, conseguía incluso que el animal no modificara su paso natural a fin de no alertar al enemigo.

Cada guerrero tenía su silbido característico que utilizaba para llamar a su caballo; a esta señal el animal abandonaba la manada para reunirse con su dueño.

El caballo no es famoso por su gran inteligencia, pero si el indio lograba con él tales resultados era en parte por su gran paciencia, por su amor a los animales y sobre todo por la forma en que establecía el primer contacto con el animal.

Entre los rudos y fieros indios de las pra-

deras, al cumplir trece o catorce años era el momento de capturar la primera montura. Para entonces, el joven piel roja era ya un excelente jinete porque había montado todos los caballos de la tribu y participaba en carreras con otros muchachos de su edad.

Para su primera captura no utiliza el caballo de un amigo porque esto sería demasiado sencillo. Tiene que realizar, solo y sin ayuda de nadie, una proeza que hará hablar bien de él y que le valdrá quizás un elogioso sobrenombre. Pero, naturalmente, si vuelve al campamento con las manos vacías se convertirá en el hazmerreír de todos; el joven cazador preferirá entonces la muerte o el exilio a otro clan.

Por consiguiente, hacia los catorce años el joven comanche se halla ya en perfecto dominio de sus posibilidades; pero esto no basta para ir a pie, en la pradera infinita, a capturar un caballo salvaje. Una acción semejante exige concentración, la ayuda de todos los dioses buenos, augurios favorables y una buena *medicina* general.

Tras haber reflexionado mucho, un buen día el joven indio comunica a su padre que quiere capturar un caballo; también visita al jefe de paz, que convoca al brujo; éstos examinan las posibilidades del joven y valoran su fuerza y su astucia. Durante varios días sólo se habla de este acontecimiento. El joven se siente ya orgulloso y comienza a ser respetado por los suyos, que le llamarán El-que-va-a-Capturar-un-Caballo. A partir de ahí ya no podrá dar marcha atrás sin desacreditarse.

Una mañana el joven comanche va a purificarse al río mientras que las mujeres de su familia le preparan el baño de vapor en la tienda ritual. Allí permanece varios días sin comer, transpirando abundantemente, para perder toda grasa superflua y eliminar, por los poros de la piel, los genios malos que podrían habitar en él. Medio somnoliento, casi aletargado, tiene visiones que interpretará después. Éstas le señalan el mejor medio para lograr su fin y le indican si el momento es propicio o si todavía es preciso aguardar.

Finalmente, agotado pero purificado por la transpiración, el futuro cazador sale de la tienda. Recobra sus fuerzas a base de alimento y una mañana comenzará los preparativos.

Se vestirá con poca ropa para disponer de plena libertad de movimientos. Pintará en su cuerpo los rayos de la tormenta para ser rápido y sobre su frente trazará un rayo de sol que iluminará su camino. Sujeta a sus tobillos dos plumas de ave que le harán ágil y ligero. No se calza los mocasines porque se harían jirones y resultarían inútiles en la loca carrera que va a realizar. El joven bravo se cuelga en bandolera su *saco-medicina,* sin el que esta expedición no podría terminar felizmente. No embarazado con arma alguna, enrolla a su cintura una cuerda que él mismo ha trenzado y que servirá de brida al caballo salvaje. De su cuello cuelga una vejiga de bisonte que contiene cinco o seis puñados de pemmicam, su alimento para la expedición. Así preparado, el joven comanche se dirige a los miembros de la tribu que le rodean y les dice:

—Ha llegado para mí el momento de capturar un caballo. ¡No tengo más que decir!

Todos responden:

—¡Waho!

Y el joven cazador se aleja.

En cuanto parte, adopta un ritmo de marcha que no abandonará durante varios días. El éxito depende de esta marcha flexible y de grandes zancadas mantenidas rítmicamente.

El brujo le ha dicho en qué dirección se hallaba la manada de mustangos y mientras no la alcance no se concederá reposo.

Al cabo de las primeras doce horas de carrera le duelen todos los músculos, pero sabe que si se detiene, aunque solamente sea un instante, todo habrá acabado para él. No podrá reanudar la marcha y se convertirá en El-que-ha-Fracasado. El cazador sufre, pues, sin quejarse; ha aprendido que el valor acaba siempre por vencer al dolor. Efectivamente, al cabo de una veintena de horas, las piernas ya no le duelen, los músculos se han acostumbrado a este esfuerzo continuo y, después de que la fatiga le sumió en una semiinconsciencia, avanza como un autómata, guiado por su instinto.

Cada vez que encuentra un río se detiene y bebe, pero nunca se agacha, flexionando las piernas: esta posición agarrotaría sus doloridos músculos. Se tiende junto al agua, aspira aire, se alza y reanuda la marcha al mismo ritmo. Gracias a su valor y obsesionado por el objetivo que se ha fijado, el joven comanche puede correr ininterrumpidamente durante tres días y tres noches. Sin reducir la velocidad arranca frutos de los árboles y toma un poco de pemmicam.

De repente, la manada que codicia aparece ante su vista. Ha logrado su primer objetivo; ahora puede descansar.

Abramos aquí un paréntesis para explicar que desde su nacimiento este piel roja ha practicado todos los deportes. A los seis o siete años es ya un atleta que, al jugar, recorre cada día largas distancias. El niño indio no es comparable al bebé de los blancos, al que llevan en coche al jardín y que después no realizará otro ejercicio que no sea el ir a pie a la escuela. A los cinco años nuestro indio nada como un pez; a los seis es un jinete; a los siete, cuando su padre le enseña a tirar con arco, andará doscientos metros, veinte o treinta veces seguidas, para recoger sus flechas y volver a lanzarlas más lejos. Sus padres cuidarán de que haga mucho ejercicio; es lo que le permitirá convertirse en un hombre y realizar hazañas casi increíbles.

Nuestro comanche, oculto de la vista de los

caballos y fuera del alcance de su olfato, observa la manada tras unos matorrales a la vez que se da un masaje en las piernas. Mientras permanezca así, la manada no se inquietará. Ahora tiene, pues, ocasión de elegir. Con su mirada aguda y experta, examina todas las bestias una a una. Las estima como buen conocedor; se ha fijado en un pequeño caballo pío. A partir de entonces no apartará los ojos de él. El indio sabe que ya es sólo cuestión de resistencia. Si no comete ningún error, este caballo será suyo dentro de uno o... cinco días.

Una vez descansado y tras haber recobrado sus fuerzas, el cazador se pone en pie y reanuda su larga carrera, dirigiéndose en línea recta hacia el caballo escogido. Inmediatamente se produce la desbandada. La manada, inquieta, huye en bloque.

Tras haberse alejado suficientemente del animal de dos patas los caballos se detienen, pero el joven piel roja prosigue su carrera. Cuando está ya sólo a doscientos o trescientos metros surge de nuevo el pánico en la manada. Mil veces se repite esta desbandada. No importa; el joven cazador conserva su ritmo sin dejar de mirar al caballo que ha elegido.

Este ejercicio dura todo el día y toda la noche. Por la mañana, el cazador advierte que los caballos no huyen ante él más que cuando se encuentra sólo a cien metros de distancia, después a setenta y cinco y más tarde a cincuenta. Advierte también que al comienzo de la caza las bestias huían y no se detenían hasta haber recorrido quinientos o seiscientos metros, a veces un kilómetro; pero ahora ya sólo recorren unos trescientos metros, unos doscientos e incluso unos ciento cincuenta. Los animales comienzan a habituarse a la presencia del importuno. Es preciso señalar que la fatiga afecta también a la manada porque, por increíble que pueda parecer, el caballo está menos preparado que el indio para un esfuerzo prolongado. Mientras que el caballo, acosado por la inquietud, escapa en una huida fogosa que exige un esfuerzo máximo y que desgasta su sistema nervioso, el indio corre economizando energía. Por otra parte, el indio ha entrenado su resitencia desde hace largo tiempo, mientras que el caballo sólo es capaz de un esfuerzo sostenido durante algunas horas y después necesita un largo reposo para recobrar sus fuerzas.

Por su atenta observación los indios aprendieron muy rápidamente estos fenómenos y sabían que un hombre preparado, aunque corra más despacio que un caballo, puede correr durante más tiempo.

De repente, sucede algo extraño. La manada ha advertido que el animal de dos patas persigue únicamente a uno de los suyos. Entonces el indio puede ver cómo cuatro o cinco viejos machos rechazan de la manada al hermano codiciado. El pío, sintiéndose constantemente acosado, lo ha comprendido también y cree que alejándose de los suyos podrá escapar más fácilmente a la persecución del indio. Se equivoca, porque a partir de este instante el comanche va cambiando de táctica. Continúa corriendo hacia el caballo, pero ya no en línea recta. Su objetivo es alejarle definitivamente de la manada y para ello describe movimientos envolventes.

Tras haber conseguido aislarle completamente, el cazador utiliza la última táctica, bien conocida por los pescadores: «soltar hilo». El método consiste en dar confianza al caballo, en habituarlo a la presencia del hombre.

Ahora, separado de su presa por cincuenta metros, es el indio el que se detiene en cuanto el caballo se para fatigado, pero al reanudar éste su marcha, se pone él también en movimiento sin intentar aproximarse demasiado. Durante sus innumerables paradas, el indio reposa y come, mientras que el caballo, demasiado febril para imitarle, gasta sus últimas fuerzas.

Ahora es el momento de pasar a la fase final. Nuestro cazador, con aire inofensivo, consigue acercarse a menos de diez metros del caballo. Para acostumbrarlo a su voz, le habla cariñosa y constantemente. Mediante movimientos furtivos y escurridizos, el joven comanche prosigue su aproximación hasta el momento en que puede tender al caballo agotado un puñado de hierba fresca. El cuadrúpedo advierte que este bípedo no es más peligroso a tres metros que a trescientos y tolera su aproximación. Hambriento, se deja tentar por la hierba tierna. El indio aprovecha la ocasión para acariciarlo fugazmente. Si el animal se encabrita asustado y vuelve a huir, no lo persigue, sino que se le acerca lentamente mientras le habla y le tiende algo que pueda comer.

Al cabo de cierto tiempo, nuestro cazador puede acercarse libremente a su futura montura, pero siempre le impedirá comer como no sea en su mano. Lo hace tan bien que llega un momento en que es el caballo el que sigue al indio si el joven cazador da muestras de marcharse. Lo que queda por hacer es ya sólo cuestión de horas.

El comanche, encariñado con el caballo, acaricia largamente la piel de su conquista. Lo toma por el cuello, le murmura al oído palabras apaciguadoras, frota su mejilla contra la cabeza del animal, sopla en sus narices a fin de acostumbrarle a su olor al tiempo que desenrolla la cuerda que lleva en la cintura. Con suavidad pasa la cuerda por la boca de su nuevo amigo, la anuda bajo la mandíbula inferior y después, sin violencia, salta sobre el lomo del animal sin dejar de hablarle. El caballo, ya medio conquistado pero sobre todo agotado, no se revela contra esta presencia insólita. Además, el indio no ha hecho más que «pasar» por encima del caballo. Vuelve a subirse un instante después por unos momentos. Renovando esta gimnasia treinta o cuarenta veces, el caballo empieza a considerar este ejercicio como un juego, pero el indio permanece cada vez más tiempo sobre el lomo del animal.

El resto de la doma es sólo una ínfima parte del trabajo ya efectuado. El joven regresa al campamento sobre un caballo dócil que encuentra normal servir de montura a un piel roja tan amable.

El comanche comentará su aventura en el seno de la tribu. Durante varios días encontrará oídos dispuestos a escuchar su proeza, y si exagera un poco no tiene importancia, pues el caballo que ha traído es la prueba de que, al fin y al cabo, toda la historia puede ser verdadera. El valiente piel roja es consagrado cazador. Ahora puede pintar sobre su cuerpo la marca de El-que-Posee-un-Caballo. Se convierte en blanco de las muchachas casaderas, pues entre los comanches es signo de riqueza poseer una montura.

VESTIDOS Y TOCADOS

En un elegante salón de Boston, en 1736, un hombre que volvía del oeste explicaba a un grupo de amigos la extraordinaria habilidad de las mujeres sioux en el trabajo de la piel. Maravillado, describía sus hermosos vestidos y cómo la piel adquiere en sus manos la flexibilidad de la seda, la blancura de la nieve y la suavidad del terciopelo.

Es una lástima que estos secretos de curtido se perdieran con la llegada de la civilización de los rostros pálidos.

La mujer india se apresura a desollar el animal que le trae el cazador, a cortar la piel por su contorno y a tenderla en el suelo con ayuda de unas estacas. Puede también colocarla en un marco de madera reservado al efecto. Tras el secado, la rae, limpia y pela bien, no conservando más que el meollo de la materia. La piel sufre entonces diferentes baños y lavados hasta el día en que sea curada. Para esta operación se utiliza un tipi de pequeñas dimensiones. Allí se tiende la piel horizontalmente, a dos metros del suelo, sobre un fuego de leña y de hierbas cuidadosamente escogidas. El fuego desprende un abundante humo que penetra en la piel y le confiere ciertas propiedades. Así tratada, podrá mojarse y conservar su flexibilidad y su impermeabilidad. De esta manera la prenda resultará siempre confortable.

En ciertas tribus la india obtiene de la piel una incomparable flexibilidad masticándola pacientemente centímetro a centímetro. Por esto, al llegar a una edad avanzada, una buena esposa tendrá sus dientes desgastados hasta las encías.

La indumentaria corriente del indio consiste, tanto para el hombre como para la mujer, en un vestido, un par de polainas y unos mocasines.

El vestido está hecho de dos pieles: una para la parte delantera y otra para la espalda; puede llegar hasta las rodillas o hasta los pies. La india no utiliza más que el centro de las pieles; las partes que sobran en la confección de la prenda no se cortan sino que se deshilachan formando franjas cuyo efecto decorativo es muy apreciado.

Las polainas son dos tubos de piel que el indio se enfunda hasta la parte superior del muslo y que sujeta a la cintura con ayuda de correas de cuero. Generalmente no lleva nada bajo el vestido. En lo más crudo del invierno, el piel roja se envuelve en una suntuosa y cálida piel de bisonte con el pelo hacia el interior.

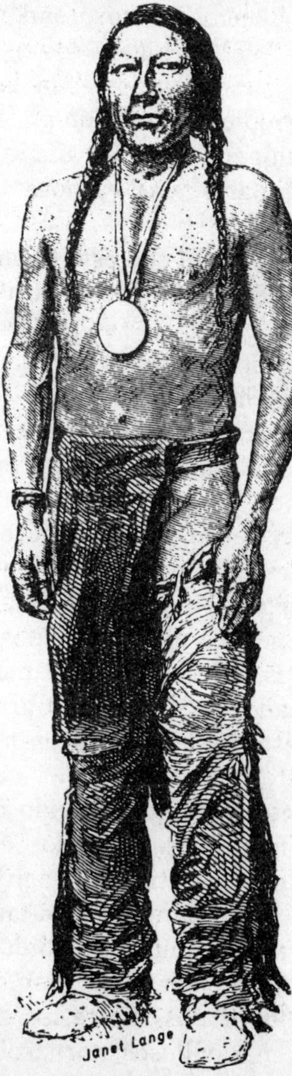
Janet Lange

Alrededor de 1750, cuando la nieve cubría la tierra, los blancos se sorprendían siempre al ver que los pieles rojas a los que ofrecían pantalones de paño, les cortaban la parte superior y la entrepierna antes de ponérselos. Un malicioso misionero dijo un día a un indio señalándole la parte más carnosa de su anatomía:

—¿No tienes frío ahí con este tiempo glacial?

El indio señaló con el dedo la cara del blanco y le replicó:

—¿Y tú? ¿No tienes frío ahí?

Y así concluyó la conversación.

Antes de la llegada de los blancos el indio poseía, con la piel, una materia apropiada para su modo de vida. Las prendas de paño que los blancos les ofrecieron proporcionaron a los indios más contrariedades que ventajas. El indio no lava su ropa y no se la cambia hasta que se le cae a jirones. La piel usada conserva todas sus propiedades, mientras que el paño desgastado, impregnado de sudor y de grasa, pierde las suyas. De este hecho resultaron muchísimas neumonías entre los indios.

Pero volvamos a nuestro vestido de piel. La india cose la prenda con nervios de alce, de bisonte o de antílope, utilizando agujas de hueso o de piedra, y sus puntadas son tan finas que queda preservada la impermeabilidad.

Terminada la prenda llega el momento de pensar en los bordados. Entre los sioux y los iroqueses son maravillosos, tornasolados e in-

numerables. A veces la india necesita un año para bordar su vestido o el de su esposo. Los dibujos narran la vida o las victorias del que los luce o la historia de la tribu si éste es un jefe. Los motivos tienen siempre un significado preciso y los signos se hallan esquematizados hasta el punto de que un río está representado por una simple hilera de cuentas azules. No obstante, cualquier indio podrá leerlos.

El mocasín debe ser ante todo funcional y su confección exige gran habilidad. La piel con la que se fabrica ha sido escogida atendiendo a su impermeabilidad, resistencia y flexibilidad. Cálido en invierno y fresco en verano, el mocasín se confecciona con un solo pedazo de cuero sin costura alguna; aparece también ricamente bordado. En las tribus de los hopis y de los navajos el mocasín asciende por la pierna y sustituye así a la polaina. Los apaches utilizan toda la piel de una pata de ciervo y, sin desgarrarla, tras un primer tratamiento, meten la pierna dentro. Con un segundo tratamiento, la piel se adapta perfectamente al pie y a la pantorrilla del apache. Estos mocasines sin costura suscitaban la envidia de las tribus enemigas; sin duda por eso, el apache no se los quitaba nunca, ni siquiera para dormir...

Así dispuesto con su vestido y sus polainas, calzado con sus mocasines y tocado con sus plumas de águila, el indio presenta un magnífico aspecto. El gran tocado será ganado por el indio piel roja en el curso de toda su vida. Todo hecho importante, una victoria, un servicio prestado a los suyos, le valdrá al valeroso indio una pluma de águila que irá a sumarse a las ya logradas; si un día un enemigo le contempla emplumado de la cabeza a los pies, le respetará porque todas esas plumas serán otros tantos testimonios de fuerza, de valor, de prudencia y de temeridad acumulados en el curso de los años.

Antes de la aparición de las cuentas de vidrio que trajeron los blancos, la india bordaba con púas de puerco espín especialmente preparadas. Las cuentas, que provenían de las valvas de las almejas, se tallaban con gran cuidado a mano. Éstas llegaban desde el mar hasta las praderas mediante un largo intercambio entre tribus. Sólo el meollo de la valva proporcionaba cuentas redondas y rojas. De la parte más gruesa, las indias, frotando con arena, conseguían una cuenta alargada. El agujero se hacía con una aguja de hueso. Después venía el pulido a mano.

Una pechera de cuentas oblongas costaba una verdadera fortuna. Cuando escaseaban las almejas, las indias empleaban hueso o asta de ciervo.

Más tarde, los blancos llegaron un día con grandes cantidades de cuentas manufacturadas. El indio, práctico, obtuvo por trueque estas maravillas multicolores y dejó de fabricar cuentas. En ciertos casos no dudó en pagar el valor de dos o tres arcos de hueso por un puñado de estas cuentas de vidrio.

A los ojos de los pieles rojas, los blancos disponían de otros tesoros. ¡Cuál no sería la sorpresa de un vendedor ambulante al que le propusieron cambiar un caballo por una veintena de dedales de coser que llevaba en sus cestas! Pensó que las mujeres de aquel indio tenían que ser muy laboriosas para utilizar tantos dedales. Al regresar, al año siguiente, de nuevo vendió todos sus dedales y cuando el hospitalario indio le invitó a entrar en su tipi, vio estupefacto que su mujer lucía con orgullo un vestido adornado con los famosos dedales. El buhonero había lanzado una moda: los dedales perforados por el fondo colgarían de los vestidos de las indias como otras tantas campanillas.

Es imposible hablar de la indumentaria de los pieles rojas sin referirse al cinturón de *wampoom*. Esta palabra significa «historia» en ciertas tribus; en otras, «acuerdo, contrato» o «cuenta blanca»; el blanco es símbolo de paz. Cuando dos tribus concluían un acuerdo realizaban un *wampoom*; era en cierto modo la forma de sellar el pacto.

Para fabricarlo se necesitaba una tira de piel, de ahí el nombre de cinturón, cuya longitud varía según lo que se tenga que contar. Esta piel se borda y enriquece con cuentas, y cuanto más importante sea el acontecimiento más adornado quedará. Cuando los iroqueses formaron la Gran Liga, le fue ofrecido un *wampoom* al más poderoso jefe de ésta. Los dibujos representaban cinco cuadrados que simbolizaban los cinco *wigwams* de los jefes de las cinco naciones. Estos cuadrados se hallaban enmarcados por cruces gamadas, signo de la felicidad entre los iroqueses.

Tras la conclusión de un tratado de paz fueron numerosos los generales a los que los indios ofrecieron estos cinturones que representaban flechas rotas. Los pieles rojas mostraban así su intención pacífica. Los generales se vieron asimismo obligados a regalar otros cinturones a sus aliados.

Así lanzaron una moda entre los blancos. Esta fue la época en la que las mujeres del este lucían cinturones bordados y bolsos adornados con cuentas a la manera india.

Según las tribus, los pieles rojas muestran diversos cortes de pelo.

Entre los cheyennes, el cazador conserva los cabellos largos, separados en dos colas de caballo o en dos trenzas que deja caer a cada lado de la cara. Respecto de estos peinados los historiadores blancos han cometido un error al atribuir a los iroqueses la famosa cabellera que divide el cráneo longitudinalmente. Los primeros informadores confundieron dos grupos que eran sin embargo muy distintos y que siempre habían sido enemigos: los hurones y los iroqueses. El hurón sólo se afeitaba los dos lados del cráneo, conservando en el centro una especie de «escoba» cortada a cepillo que va de la frente hasta la nuca. El iroqués muestra el cráneo casi enteramente desnudo; sólo conserva en la parte más alta de la cabeza un mechón de cabellos de cuatro o cinco centímetros de diámetro; esta cola cuelga sobre la nuca del guerrero. Sin duda, los primeros asis-

tentes blancos a las fiestas iroquesas no percibieron que éstos, al interpretar sus danzas guerreras, imitaban a sus enemigos, los hurones, y que se colocaban en lo alto de sus cabezas una cabellera postiza.

El indio posee hermosos cabellos intensamente negros. Las canas son muy raras entre ellos, incluso en la cabeza del patriarca de la tribu. Ningún blanco ha podido vanagloriarse de haber visto a un indio calvo. El pelo indio no se riza, afortunadamente para él, pues si así fuera todos los miembros de la tribu le compadecerían. La ondulación del cabello es desconocida por el piel roja.

Algunos clanes adoptan el corte de pelo a lo Juana de Arco; otros, como los osages, reúnen todos sus cabellos en lo alto de la cabeza y lo anudan. Los apaches dejan hacer a la naturaleza.

Los tocados representan también gran diversidad de formas. Excluiremos los propios de danzas y ceremonias, pues son demasiado numerosos y sólo constituyen ornamentaciones ocasionales. El tocado cotidiano es generalmente sencillo. La pluma presenta diferentes disposiciones artísticas propias de cada tribu.

El crow luce un tocado, tendido sobre la cabeza, cuyas plumas, unas siete u ocho, parten de un punto central y se extienden como los radios de una rueda. Los cheroquis prefieren el tocado redondo, formado con plumitas de águila que lucen con orgullo, como una corona. Los apaches se ciñen la frente con una banda de tejido, preferentemente rojo. En alguna ocasión colocan en esta cinta una pluma que se alza tras la cabeza como un signo de exclamación. Los cheyennes, sobrios como los apaches, colocan en sus cabellos una pluma o dos que cuelgan junto a la mejilla.

Casi siempre las plumas llevan, unidas a su extremo, un pequeño mechón de cabellos. La pluma se talla según un código convencional. Estas incisiones quieren decir: «He vencido a un enemigo», «He cazado un oso» o, más sencillamente, «Soy viudo».

El gran tocado del jefe, insignia suprema del valor, se fabrica con una banda de piel que puede llegar hasta los talones pero que, en general, desciende sólo hasta los riñones. En esta banda se colocan únicamente las plumas de la cola, sujetas mediante una diestra disposición. De tamaño decreciente, las plumas más largas adornan la frente formando un soberbio abanico.

Este gran tocado es conseguido pluma a pluma por el indio en el curso de su vida. Se luce en todas las ceremonias, danzas o grandes negociaciones durante las cuales se fuma el calumet. El tocado no honra solamente al que lo lleva, sino que su esplendor enaltece a toda la tribu.

El tocado de cuernos queda reservado al bravo entre los bravos. Es un gorro de piel preciosa de donde salen, en su parte frontal,

dos cuernos de bisonte. Entre los sioux, mostrar unos cuernos en la cabeza significa alcanzar la cima de la escala social.

En nuestros días, en ocasión de rodeos y de fiestas folklóricas, todas las tribus pieles rojas lucen el gran tocado de plumas que, en un principio, se hallaba específicamente reservado a los sioux. Los modernos y jóvenes indios han adoptado este adorno por su suntuosidad, olvidando que a finales del presente siglo ya no hay un solo piel roja que pueda pretender merecerlo.

LOS SIGNOS. LOS MENSAJES

Nunca se ha determinado con exactitud el número de lenguas, dialectos y jergas hablados por los indios de América. Aunque ciertamente, en un territorio tan vasto, esta tarea habría sido difícil. Es preciso decir también que en la época en que hubiera resultado muy útil, nadie se dedicó a tratar de penetrar en las sutilezas de la lengua piel roja.

Dos clanes de apaches que vivieran a cincuenta kilómetros uno de otro tenían muy pocas probabilidades de comprenderse mediante la palabra, e igual puede decirse de la gran familia de los sioux, de los iroqueses, de los algonquinos, de lo utes y de los ojibbeways. Finalmente, se supone que hacia el año 1700 se hablaban unos trescientos dialectos diferentes, aunque todo induce a pensar que esta cifra queda por debajo de la realidad.

Pero todas estas tribus necesitaban comunicarse entre sí para el comercio, las delimitaciones de territorios, los tratados de paz e incluso para las guerras. Los pieles rojas habían inventado por consiguiente un lenguaje internacional en el que no era necesaria la palabra: el lenguaje de los signos de las manos.

¿Sabéis, hombres blancos, que cuando colocáis la mano en el corazón para demostrar vuestra buena fe, estáis hablando en piel roja?; ¿o que al levantar la mano por encima de la cabeza diciendo: «Estoy hasta aquí», empleáis una vez más un signo indio? Como frotar el pulgar con el índice para significar dinero, alzar la mano por encima del hombro para expresar «vete a paseo» y tantos otros.

Estos gestos habituales en la vida moderna fueron introducidos en Francia en el siglo XVIII por los traficantes. Aquellos hombres negociaban con los pieles rojas valiéndose de gestos; al volver a su país conservaron estos hábitos, que convirtieron en expresiones populares.

El que no ha visto a dos pieles rojas hablar mediante signos, no puede imaginarse lo pintoresco que es. Los sordomudos poseen un lenguaje análogo, pero forman letras mediante gestos cortos y rápidos. El indio, para quien el tiempo no cuenta, emite palabras, quizá frases completas, mediante amplios movimientos de brazos. Sus gestos están llenos de gracia y de lógica. Para decir que ha comido bien golpea su pecho con el puño, lo que significa: «yo». Después abre la boca y por dos veces introduce rápidamente dos dedos para manifestar la idea de comer. Con la mano apoyada en el estómago describe un movimiento circular que indica su satisfacción. En la actualidad este gesto se encuentra ya adoptado por el blanco para manifestar la misma sensación.

El indio designa al hombre, como ser humano, levantando el índice de la mano derecha. Para referirse al blanco levanta el índice izquierdo, lo que quiere decir: extranjero. Después añade inmediatamente un segundo signo: se lleva una mano a la frente para evocar el borde del sombrero que el rostro pálido llevaba siempre calado sobre la cabeza. Si el hombre del que se hablaba va a pie, pone dos dedos en V, apuntando hacia el suelo, que representan las piernas, pero si va a caballo los dos dedos se montarán sobre la otra mano.

Este modo de expresión parece sencillo, pero el piel roja también tiene gestos que expresan ideas abstractas. Ciertos signos, al comienzo de la frase, dirán si habla en pasado, en futuro, en presente, en condicional o en una forma interrogativa. El orador sabe ser arrogante; como un abogado fogoso, hace ondear los flecos de sus mangas para designar el cielo, las inmensas praderas, el sol, las estrellas... o a él mismo.

Para comunicarse, los indios no necesitan en manera alguna estar frente a frente. Se comunican asimismo a distancia leyendo las señales de humo que se remontan al cielo. Con ayuda de estas volutas es posible enviar un mensaje a distancias inmensas; mientras que el ojo alcance, y el ojo del indio es tan penetrante que al rostro pálido le cuesta admitirlo.

Para enviar su mensaje, el piel roja elegirá una pequeña colina donde las señales destacarán perfectamente sobre el fondo del cielo y encenderá fuego cuidando que no dé humo. Dos indios sostienen tensa una manta y un tercero proporciona una hierba especial. El-que-Conserva-el-Secreto-de-las-Señales ordena cuándo debe echarse la hierba al fuego e inmediatamente se elevará una recta humareda blanca y espesa. Esta señal quiere decir: comienzo del mensaje. Después, obedeciendo las indicaciones de El-que-Conserva-el-Secreto-de-las-Señales, los dos indios cubrirán el fuego con la manta y lo descubrirán con un gesto rápido. Al cielo ascienden globos de humo, pequeños o grandes, entrecortados por espacios más o menos largos. El que alimenta el fuego cuida de que el humo sea siempre espeso y regular y el ballet prosigue.

Esta señales no pueden ser comparadas con el sistema morse, que sólo tiene rayas y puntos. El lenguaje es más sutil, ya que el grosor de cada voluta tiene un significado; la longitud de cada espacio, así como el color del humo emitido, poseen también un sentido preciso. Una humareda blanca significa: victoria, banquete, felicidad, paz, buena noticia, buena *medicina*. Entre los sioux, una humareda negra es signo de desgracia, guerra, cataclismo, derrota, mala *medicina*. Según sea la hierba empleada, la humareda será negra o blanca y sumirá al indio en la aflicción o en la felicidad.

Aunque cualquier indio podía leer las señales de humo, el arte de lanzar los mensajes era privilegio de los iniciados dentro de cada tribu.

Como acabamos de ver, estos mensajes necesitan la presencia de un emisor y de un receptor. Pero el piel roja podía informar también a su hermano sin que éste estuviera «a la vista», utilizando los «signos de pista».

Imaginémonos un grupo que se desplaza con carga; una vanguardia abre camino e informa al jefe del convoy de las incidencias que encontrará en la ruta. Éste, que no puede ver nada, leerá, pues, los mensajes que le va dejando la vanguardia.

Un rostro pálido hambriento y muerto de sed podría pasar una y otra vez por estas pistas, pero ignoraría siempre que a quinientos metros de allí, tras una colina por donde corre un pequeño arroyo, pacían bisontes. A pesar de los numerosos mensajes que jalonaban la pista, el blanco se derrumbaba agotado por no haber sabido descifrar la señal que le habría salvado.

Estos signos se fabrican con ayuda de mil objetos que se encuentran en el punto mismo donde el indio quiere dejar su mensaje. Si avanza por el bosque utilizará ramitas y pedazos de madera; en la pradera recurrirá a manojos de hierba; en el desierto unos guijarros servirán para trazar en el suelo tantos mensajes como informaciones tenga que proporcionar. Y si, por desgracia, no existiera nada de todo esto, el indio trazaría en la tierra o en la arena dibujos explicativos.

El jefe del convoy observa constantemente el camino; su mirada penetrante reconoce con rapidez la señal, a menudo ínfima, que le informa. Traduce: «A un tiro de flecha a la izquierda: punto de agua» o «Persigo a tres bisontes», «¡Alto!, guerreros enemigos a la vista», «Dos hombres blancos cortan nuestro camino más adelante». Si estos dos rostros pálidos se topaban con el grupo sin duda se sorprendían al ver que se les esperaba.

Los pieles rojas siempre sorprendieron a los blancos. Cuando el explorador indio pretendía que a dos días de marcha hacia el sur se hallaba reunida una importante manada de bisontes, el blanco preguntaba: «¿Has estado allí para saberlo?». El indio le replicaba: «No, pero lo sé». Y se le consideraba un farsante. Pero el piel roja precisaba: «Lo sé por los signos». El blanco, incrédulo, veía inmediatamente en estos «signos» toda la magia de la que se rodeaba el brujo y desdeñaba a su interlocutor. La incomprensión era total.

En el plano de las comunicaciones el indio contaba con más de un recurso. De ello tuvo triste experiencia el general Connor cuando fue encargado de proteger el sendero Bozeman que atravesaba el territorio de los sioux. La columna avanzaba desde la mañana. Un explorador indio,

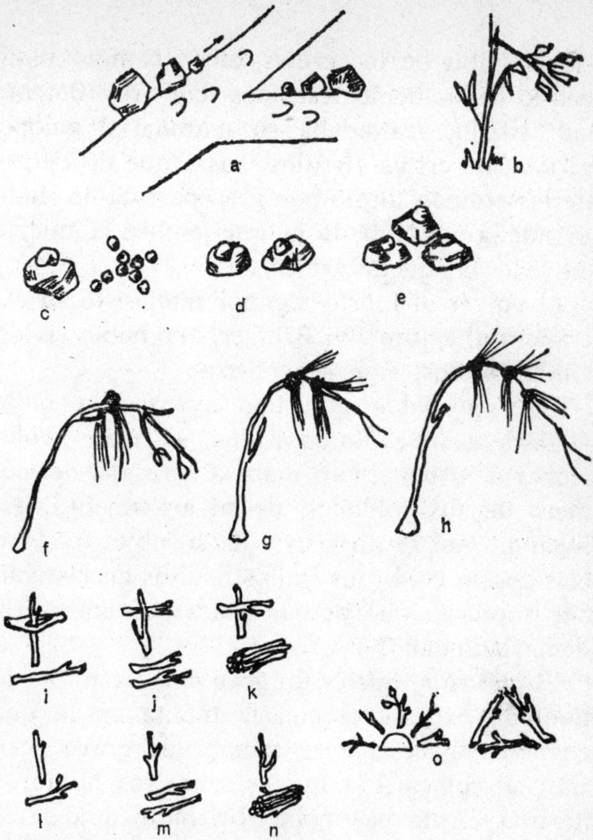

a) Camino a seguir:
tres piedras de mayor a menor
b) Avanzar en la dirección
que marca la rama rota
c, d, e) Un bisonte a la vista;
grupo de bisontes; gran manada
f, g, h) El mismo significado tiene
un haz de hierba anudado a una rama
i, j, k) Uno, dos, varios hombres blancos
l, m, n) Uno, dos, varios indios
o) Aldea india a media jornada de marcha

de la tribu de los crows, abría camino realizando bellas demostraciones ecuestres. Detenía su caballo, reanudaba su marcha al galope, giraba, describía círculos, hasta que de detrás de las colinas surgió una gran partida de sioux mandada por Nube Roja, que sembró la muerte entre los chaquetas azules.

Al volver al fuerte, Connor manifestó su extrañeza al astuto Jim Bridger, que había vivido con los indios, y que le explicó:

—Es probable que una avanzadilla india vigilara a su explorador que, al hacer evolucionar a su *pony*, informaba a los sioux del número de sus soldados, de su armamento, del lugar al que se dirigían y de su objetivo. Gracias a este crow, los indios ocultos en las colinas supieron que podían atacarnos sin sufrir demasiado daño.

El piel roja, que es un gran charlatán, puede también expresarse con la manta en la que gusta envolverse. Para tomar una grave decisión se colocará la manta sobre los hombros de una forma particular. Un indio que desee invitar a otro a una partida de caza manifestará por los pliegues de su manta que conoce un lugar donde abunda la caza.

El rostro pálido se viste con un mono azul o con un esmoquin según lo que vaya a hacer. Si le encontramos vestido de etiqueta, adivinamos inmediatamente que no se dirige al garaje para lavar su coche. Sucede lo mismo con el piel roja, aunque no conozca la diversidad de indumentaria. Para él las diferentes maneras de envolverse en su manta son otros tantos mensajes precisos dirigidos a sus hermanos. Y así dirá: «Me dirijo al Consejo», «Parto para la guerra» o más sencillamente: «Déjame tranquilo, necesito reflexionar solo».

En 1492, cuando Cristóbal Colón puso pie sobre el Nuevo Continente, se hallaba convencido de haber llegado a la India. Por ello dio a los indígenas de América el nombre de indios, nombre que éstos han conservado.

Después, los blancos llamaron a los indios «pieles rojas», demasiado asustados para comprobar la exactitud de su juicio. En realidad, el piel roja no tuvo jamás la piel roja, sino que se untaba todo el cuerpo con el jugo de una planta que aún en nuestros días se llama en la América del Sur el «rucu». Esta planta de notables propiedades produce un jugo del más bello color rojo. Como vivía medio desnudo en la naturaleza, el indio necesitaba proteger su piel contra los ataques de todo tipo, entre los cuales no era despreciable el de los mosquitos. Las repetidas aplicaciones del rucu, mezclado con grasa animal, consiguen en parte cerrar los poros, impidiendo a ciertos parásitos poner sus huevos bajo la piel. El rucu evitaba a los pieles rojas las fiebres que padecían los blancos.

Sin duda, los primeros rostros pálidos creyeron que el indio tenía la piel de un rojo natural. Como ninguno se molestó en comprobarlo, la denominación hizo fortuna y designa todavía a los indios de la América del Norte. No es menos cierto que el indio tiene la piel ligeramente mate, como la de los asiáticos. A excepción, sin embargo, de varias tribus del este de Canadá, como los iroqueses, que tienen una piel totalmente blanca. El piel roja pintaba sobre su cuerpo dibujos de todo tipo. Eran mensajes, invocaciones a las divinidades o exorcismos para los genios malos. Estos signos eran denominados «pinturas del cuerpo». Pero retrocedamos unos quinientos años.

El piel roja siente mucho respeto por el rayo que zigzaguea en el cielo cuando llega la tormenta. Estos resplandores atronadores que provocan incendios en la maleza le aterran y si quiere ganar un poco de esta fuerza devastadora pinta sobre su cuerpo un rayo que le tornará invulnerable. Una mano de dedos separados pintada sobre su espalda significará que el Gran Espíritu ha puesto allí su mano en un gesto de protección paternal. La huella de una pata de oso dibujada en el muslo indica al enemigo que este guerrero es Pequeño-Oso-Blanco, un bravo que tiene la fuerza de este animal.

Pero las pinturas del cuerpo tienen otros significados. Si el indio ha de resolver un grave problema, traza en su frente una raya negra y se convierte en El-que-Está-Detrás-de-lo-Negro, dicho de otra forma, el que se ha encerrado con sus sombríos pensamientos. Nadie en la tribu le hablará, a fin de no distraerle de sus meditaciones.

El piel roja no pinta sólo su cuerpo. Es un artista que busca siempre la forma de expresarse; decora su escudo, sus flechas, su tipi y el más pequeño objeto de la vida corriente. Este hábito de marcar todo con su sello tiene diversos aspectos. Si un hombre es hallado muerto, inmediatamente se sabe quién le ha matado si, por ejemplo, el extremo de la flecha muestra tres trazos rojos. Los tres trazos quieren decir que el guerrero pertenece a la tercera de las tribus iroquesas. El color rojo es el de la sangre: se trata, pues, de una declaración de guerra. Una sencilla flecha puede reemplazar al más elocuente de los documentos.

El indio adorna su escudo con pinturas multicolores que suelen representar un sueño o una aparición. Reproducir sus sueños, materializarlos en su escudo es protegerse doblemente. El objeto se convierte en un talismán, en una *medicina.*

El tipi es la residencia del indio. Por ello su aspecto exterior debe informar a cualquiera sobre quiénes son los que allí moran. Si el propietario se llama El Alce o el Gavilán, uno de estos dos animales estará representado. Las pinturas pueden narrar también una caza especialmente fructífera, una guerra que concluyó en victoria o representar los signos que obligan al Gran Espíritu a proteger ese tipi.

Numerosas pieles de bisonte pintadas cuentan la vida de una tribu o de un hombre. Partiendo del centro, los dibujitos forman una espiral que va ensanchándose. Estas pieles son las páginas del libro de la historia del clan, y a través de ellas los extraños a la tribu sabrán cómo sucedieron ciertos acontecimientos.

LOS JUEGOS

Los múltiples juegos indios pueden dividirse en dos grandes categorías: los juegos de lucro y los juegos de recreo. Unos y otros se asemejan siempre a verdaderas batallas campales.

El indio, muy jugador por naturaleza, gusta de probar su destreza en el juego de la flecha, pero el espíritu de competencia y la codicia de lo que está en juego se impone generalmente al recreo y la diversión. Un misionero nos describe uno de estos juegos que presenció: el juego de la mano.

«El juego de la mano es la gran pasión de todos los indios del norte: hurones, iroqueses, algonquinos y, sobre todo, denés apaches.

»Los jugadores se sientan y se colocan en dos líneas, frente a frente, con las manos ocultas a la espalda o bajo una piel extendida ante ellos. Uno de los bandos oculta una taba. Al jefe del bando adversario le toca adivinar en qué mano está. A una señal dada y con objeto de burlar la investigación, rápidamente todas las manos, los brazos, los torsos entran en movimiento, se cruzan, se alzan, se bajan, se inclinan, y se vuelven con los ojos clavados en el adversario como si fueran a aniquilarle. Los espectadores, contagiados de la exaltación general, bailan, gesticulan, vociferan. Es increíble la prontitud con la cual el jefe del grupo buscador detiene la zarabanda y señala con un gesto convenido, imperceptible a los profanos, a aquel que, entre las diez o treinta manos, oculta la taba. Le fuerza a abrir las manos para comprobar si ha acertado. Si lo ha conseguido, la taba y el juego cambian de bando. Si se equivoca, los vencedores reanudan el juego con un redoblado estruendo. Los castores, de la tribu de los oneidas, furibundos apasionados de este juego, pasan así días y noches bajo la nieve o la lluvia y al terminar la partida caen extenuados.»

Por su parte, George Catlin asistió hacia 1825 a un partido del juego de la pelota entre los choctaws. Este juego comienza generalmente alrededor de las nueve de la mañana y prosigue hasta la noche. La víspera se ha elegido y medido el terreno, un gran rectángulo con una puerta en cada extremo. Por la mañana los jugadores se colocan en sus respectivos campos, llevando una especie de raqueta de madera en cuyo extremo curvado hay un entramado de tiras de cuero. La pelota es de cuero tan duro como la madera. En el momento de empezar se cierran las apuestas y se coloca la pelota en el centro del terreno. A una señal de los brujos, que desempeñan el papel de árbitros, los seiscientos u ochocientos jugadores se lanzan hacia la pelota entre un griterío infernal. Cada uno intenta capturarla para colocarla en su portería. Todos vociferan, saltan, gesticulan, corren, intentan frenéticamente apoderarse de la pelota. Todo vale para lograr esta finalidad, se agarran de las piernas, se arrojan unos sobre otros, se pegan. Se forman grupos que atacan a otros grupos. Se derrumban racimos enteros de jugadores, cubriendo la pelota con un centenar de cuerpos sudorosos. El polvo que levantan es tan espeso que incluso llega a no verse la pelota. Cuando un bando lleva la pelota a su portería y marca un tanto, se concede un minuto de descanso a todo el mundo. Pero en

cuanto el *hombre-medicina* pone la pelota en juego otra vez, éste se reanuda, más encarnizado y brutal que nunca. Cada jugador ha dejado sus armas fuera del terreno y aunque las reglas establecen que los ataques no deben ser peligrosos, al final del partido son numerosos los heridos que tienen que ser retirados; los brujos tratarán en vano de devolver la vida a los muertos.

Lo más extraordinario de todo esto es que al día siguiente de un partido tan agitado el indio es capaz de permanecer inmóvil durante horas, fumando beatíficamente pipa tras pipa, maravillado ante un orador que le cuenta bellas leyendas.

LAS INICIACIONES Y EL VALOR

El lector me perdonará que abra un paréntesis al comienzo de un capítulo tan espinoso. En efecto, desde que cierta literatura y una determinada cinematografía que pretendían ser exóticas nos mostraron una imagen fantástica del piel roja, hay todavía hombres que ven al «salvaje» bajo los rasgos de un ser sanguinario que sólo desea inmolar en el poste de tortura a una víctima inocente.

Esta imagen tradicional únicamente sirve para mostrar a un asesino sediento de sangre frente a un valiente hombre civilizado. La verdad resulta menos confesable por parte de los hombres que se enorgullecen de una rica cultura. Los archivos de los Estados Unidos están llenos de informes que relatan los «hechos de armas» del ejército yanqui, matando, torturando, despedazando a hombres, mujeres y niños pieles rojas.

Cuando Toro-Sentado, Caballo-Loco y Nube-Roja, aniquilaron al 7.º Regimiento de Caballería que mandaba el general Custer en Little Big Horn y arrancaron las cabelleras de la mayoría de los soldados, respondían a las matanzas que este mismo general había llevado a cabo entre los cheyennes del sur en el río Wichita.

Aquel día las mujeres y los niños fueron decapitados con los sables. Caldero-Negro, el jefe de los cheyennes, que acababa de firmar un tratado de paz con los blancos, vio caer ante él a su mujer con el pecho traspasado por las balas. Como una cruel ironía del destino, al comenzar el ataque el jefe cheyenne se había refugiado con sus valientes bajo la bandera estrellada que los yanquis acababan de regalarle... ¡en señal de amistad! Esta victoria valió al glorioso general Custer el sobrenombre halagador que le dieron los indios: el Matador-de-Mujeres.

Los pieles rojas conocían desde hacía largo tiempo otra forma de valor: la iniciación en el sufrimiento.

Contrariamente a lo que ciertas mentes sensacionalistas han podido dar a entender, no corresponde al carácter del piel roja infligir el sufrimiento por propio placer. Como todos los pueblos primitivos, los indios tenían costumbres de iniciación que no habían sido concebidas ciertamente para las almas sensibles. Pero estas iniciaciones eran libremente aceptadas por los mismos bravos a quienes les parecía bien mostrar su valor y su desprecio ante el dolor físico.

El indio prefería una muerte gloriosa por

mano de su enemigo que la deshonra de morir en la cama. El cazador no podía morir decentemente más que en la caza y el guerrero en la batalla; para este último, el fin supremo consistía en comportarse con valentía y arrogancia ante el vencedor que le había capturado. En realidad, es preciso considerar que el piel roja no concede mucha importancia a su paso por la tierra, tal como sucede con los creyentes de otras religiones. Los sufrimientos que se imponía significaban la seguridad de ver abrirse de par en par ante él las puertas del camino que lleva a las Praderas de las Eternas Cacerías.

Las guerras entre tribus tenían siempre una finalidad económica. Los caballos, mujeres y niños capturados en el curso de una algarada iban a enriquecer al clan victorioso; se casaban con las mujeres y adoptaban a los niños. Atormentar o matar a estas víctimas inocentes hubiese sido actuar en contra del objetivo mismo de la expedición.

Cuando los pieles rojas supieron el sentido que los hombres blancos daban a la palabra *suplicio* se llevaron la mano a la boca. Con el suplicio o la tortura, el blanco pretendía atribuir al indio un fondo oscuro de malignidad y de crueldad.

Los indios de las praderas se maravillaron siempre de la ejemplar conducta de los iroqueses ante el sufrimiento físico y nunca comprendieron bien por qué razón el hombre blanco se comportaba tan mal ante ese sufrimiento.

El indio que en la mañana de un magnífico día declaraba feliz: «Es un buen día para morir», mostraba cuán insignificante le parecía la vida terrestre y qué poco le importaba morir.

Los sioux tienen un paraíso y un infierno. El infierno es una odiosa extensión de nieve y de hielo que se encuentra en los confines del Gran Norte, lugar habitado por los malos espíritus; allí la caza es difícil. El paraíso está constituido por inmensas praderas donde pacen innumerables bisontes.

Cuando el sioux muere, si se ha comportado valientemente durante su vida, el Gran Espíritu acoge su alma en las bellas Praderas de las Eternas Cacerías. En este lugar las piezas abundan y la caza es fácil. El indio será allí feliz hasta el final de los tiempos. Para merecer este paraíso, el joven se somete con orgullo y valentía a la iniciación.

En la plaza de la aldea sioux se erige un pórtico cuyos pilares tienen una altura de cinco a seis metros; de una barra horizontal colocada sobre la cima de estos pilares penden unas cuerdas. Lejos de allí, los futuros iniciados ayunan desde hace cuatro días en una cabaña especialmente dispuesta. Se han encerrado secretamente con el chamán y nadie debe verles.

Al comienzo del cuarto día toda la tribu se reúne en torno del pórtico al pie del cual se han colocado los cráneos de los antepasados y los de los bisontes muertos en las últimas cacerías. La entrada de la cabaña se abre y sale el chamán, seguido de los jóvenes que van a colocarse ante el pórtico. Armados con cuchillos, el brujo y su ayudante que tienen también unas varas de madera dura, se sitúan frente a los iniciados. El primero se adelanta mientras que en la clara mañana surge una bella melopea de misteriosos silbidos.

El chamán pellizca con dos dedos la piel del joven, tira de ella y pasa su cuchillo bajo la carne, de parte a parte. En la abertura así lograda el ayudante introduce una vara cuya longitud rebasa en varios centímetros por cada lado la anchura de la herida. Cada uno de los jóvenes tiene derecho a varias varas sobre el pecho, la espalda, los bíceps, los muslos o las pantorrillas. Así podrán mostrar su valor.

Entonces se atan a estas varas las cuerdas del pórtico; el iniciado es alzado del suelo en brazos. Del otro extremo de la cuerda, como contrapeso, penden unos cráneos y el arco, el escudo y la aljaba del joven. Con muchas precauciones, quienes sostienen al joven le sueltan hasta dejarle colgado de las varas.

Al cabo de una hora, los ayudantes del brujo se encargan de acabar con los sufrimientos del iniciado. Le bajan inmediatamente al suelo y así, «muerto» su cuerpo pero con el alma intacta, ya no sufre. Nadie debe ayudarle a ponerse en pie. Sería castigado con una muerte verdadera.

Al ofrendar sus sufrimientos al Gran Espíritu, el indio se ha colocado bajo su protección. Nadie se halla autorizado a vendar las llagas del herido: el Gran Espíritu se encarga de la curación, procurándole las hierbas que hacen cicatrizar las heridas. Tras esta primera iniciación, los dignatarios conducen a los jóvenes bravos a la cabaña del brujo, donde son examinados con atención. Los más fuertes, si lo desean, quedan autorizados a pasar la última prueba.

Los jóvenes son llevados de nuevo a la plaza. Allí cada iniciado se coloca entre dos hombres que le cogen firmemente de las muñecas y al son de los tambores echan a correr describiendo un largo círculo. El joven, ya debilitado, se deja llevar y después, sin fuerzas, se derrumba siendo arrastrado. Cuando ha desaparecido de su cuerpo la última vara está en libertad de retirarse a su tienda.

El que ha soportado con mayor valor la prueba de la iniciación adquiere un nombre envidiado por todos: Nah-Se-Uskuk, Trueno-Turbulento.

Entre los Ting-Ta-To-Ah, otra tribu de la familia de los sioux, cuando un guerrero ha decidido que su *medicina* es más fuerte que la de todos los demás, va a buscar al brujo y le dice que quiere «señalar el Sol». Entonces se clava en tierra una pértiga flexible de cuyo extremo superior pende una cuerda. En el pecho del guerrero se fija una vara que queda unida a la cuerda tensa. El valiente, con el cuerpo inclinado hacia atrás y medio suspendido de la vara, debe permanecer todo el día en esta incómoda posición, mientras gira siguiendo el curso del Sol, y si al llegar el ocaso no se ha desplomado una sola vez, el Consejo acude a soltarle y a curarle. Durante todo el día está acompañado de sus amigos, que no dejan de animarle a resistir hasta la llegada de la noche. La música y los gritos le ayudan a soportar su dolor y al día siguiente recibe el honor supremo: el título de *Hombre-Medicina.*

LA GUERRA «CON» LOS BLANCOS

En el curso de su historia los pieles rojas libraron dos tipos de guerras: «contra» los blancos y aliados «con» los blancos. Comparadas con éstas, las batallas entre tribus fueron simples escaramuzas.

Como en el segundo caso se trataba de ayudar a unos rostros pálidos a exterminar a otros rostros pálidos, varios malintencionados han afirmado que para el indio todo era beneficio. Pero es imposible desdeñar la devoción y la abnegación que el indio tuvo por sus aliados; con harta frecuencia pagó con la vida su excesiva lealtad. Por haberse aliado con rostros pálidos que iban a ser vencidos poco después, tribus enteras quedaron borradas de la superficie de la Tierra.

Las luchas implacables entre franceses e ingleses por la posesión de Canadá causaron más víctimas entre los pieles rojas que entre los soldados regulares.

Antes de la llegada de los blancos, los iroqueses ocupaban una vasta región en torno a lo que llegaría a ser la ciudad de Nueva York.

Esta ocupación no se había realizado sin dificultades, pues tuvieron que expulsar a las tribus algonquinas, a los hurones y mohicanos. Hasta el día en que los holandeses desembarcaron en el nordeste, los chippeways habían obligado a alejarse a los sioux y a los cheyennes. Como buenos comerciantes, los holandeses compraron por veinte dólares la isla de Manhattan a los indios que allí se encontraban. Estos indios, que se hallaban de paso, se embolsaron las veinte bonitas «medallas», se hicieron con ellas unos collares y volvieron a sus tierras.

Los holandeses, creyéndose engañados, iniciaron ataques de represalia contra los iroqueses y otros grupos que nada habían tenido que ver en el asunto. Tras una cruel matanza en que los holandeses arrojaron bebés indios al fuego y los cortaron en pedazos, se volvieron con ochenta cabezas de indios y la mujer del gobernador, en persona, jugó al fútbol con aquellos macabros balones.

Después desembarcaron franceses e ingleses. Al cabo de cierto tiempo los pieles rojas, crédulos, pensaron que antes de morir bajo sus armas de fuego, era mejor aliarse con los rostros pálidos. Los algonquinos se aliaron, pues, con los franceses y los iroqueses con los ingleses. Pasó el tiempo y franceses e ingleses acabaron por entrar en conflicto. La guerra duraría siete largos años.

Los ejércitos regulares de estas dos naciones eran muy pequeños y los diplomáticos desplegaron grandes esfuerzos para conseguir aliados. Hicieron a los pieles rojas las promesas más tentadoras. De esta manera se trabaron batallas, y tanto del lado inglés como del francés el número de guerreros pieles rojas representaba el 80 y el 90 por ciento del contingente total.

Al comienzo, los indios no comprendían muy bien por qué peleaban entre sí los blancos y ésta fue la razón de que hubiera algunas deserciones. No era extraño que en una sola semana los combatientes indios, para su fortuna o para su desventura, cambiaran de campo dos o tres veces.

Tras haber sido engañados por unos y por otros, llegó una época en que los indios comprendieron que su misma vida dependía de la victoria de los blancos con los que se habían aliado. Las batallas se reanudaron, pero esta vez de manera más organizada.

Al cabo de siete años, en 1759, en Sta-Da-Co-Ne (la actual ciudad de Quebec), los iroqueses, vencedores con los ingleses, pudieron asistir a la muerte del francés Montcalm.

Los franceses perdieron Ho-Che-La-Ga (Montreal) y el Ca-Na-Da. Era el fin de una penosa guerra durante la cual desaparecieron tribus enteras algonquinas. La huronía fue eliminada del mapa para siempre. Iroqueses e ingleses se aprovecharon para reforzar sus posiciones. La Liga de las Cinco Naciones se consolidó con los tuscaroras, que procedían del sur, y se convirtió en la Liga de las Seis Naciones. Esta alianza reunía a los mohawks, onondagas, oneidas, cayugas, senecas y tuscaroras. Cada una de estas tribus se colocaba bajo un tótem: el Gamo, la Tortuga, el Castor, el Oso, el Lobo y la Becada. Ésta fue la época de la Gran Paz de los Iroqueses.

Y después estalló la guerra de la Independencia.

Los enemigos se llamarían ingleses y americanos, yanquis como decían los pieles rojas, y los segundos resultaron vencedores. Sin embargo, aunque parezca increíble, en recompensa por sus fieles y leales servicios, los ingleses ofrecieron a sus aliados iroqueses una vasta reserva en la Tierra de la Abuela.[7]

Fueron numerosos los iroqueses que permanecieron en el estado de Nueva York bajo el mando de un orador llamado Chaqueta-Roja. Éste odiaba a todos los blancos y tenía para ello buenas razones. Con una sola palabra podía desencadenar la guerra, ya que su opinión era muy respetada; por ello suscitaba vivos temores en el seno del Gobierno de los Estados Unidos. Washington hizo llamar a Chaqueta-Roja y los nuevos americanos decidieron civilizar al gran jefe piel roja. Terminada su asimilación, concluyó su vida totalmente alcoholizado. «El viejo Tom», famoso nombre de una marca de güisqui, ayudaba a los blancos en sus negociaciones con los indios y evitaba las discusiones fastidiosas.

Había llegado el momento de amordazar a Chaqueta-Roja con algunos barriles de alcohol malo. Los americanos querían conquistar todo el país. Los pieles rojas descubrían la existencia de nuevos enemigos, implacables, astutos y desvergonzados.

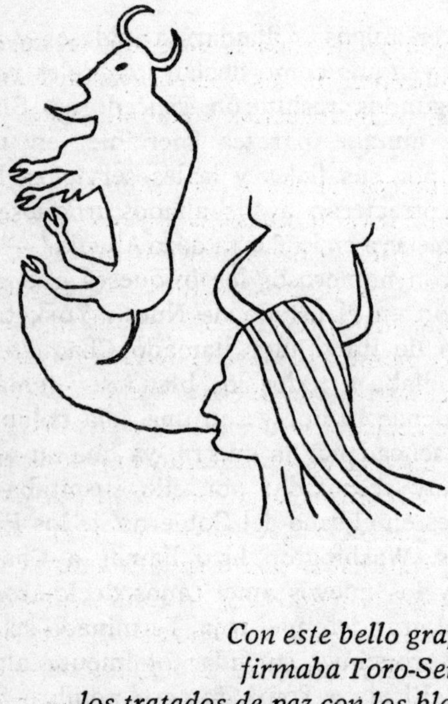

Con este bello grafismo firmaba Toro-Sentado los tratados de paz con los blancos.

LA GUERRA «CONTRA» LOS BLANCOS

A lo largo de toda la invasión, se sucedieron los eslóganes de los rostros pálidos americanos. El primero sería: «Vete al oeste, muchacho.»

«Entonces vimos a las grandes serpientes blancas [8] invadir nuestras tierras. Después, un general dijo: "Cuantos menos bisontes, menos indios". Los rostros pálidos diezmaron nuestras manadas y nos dejaron sin alimento. Cuando los hombres blancos tendieron los raíles de su caballo de hierro, comprendimos que era demasiado tarde y nuestros ojos lloraron como ante la pérdida de un hijo amado. Pero nuestros corazones se rebelaron. El Gran Espíritu nos dijo que para nosotros, valientes sioux, sólo había una forma de morir: con las armas en la mano. Por lo tanto, fumamos las pipas con nuestros hermanos y establecimos alianzas. En todas las tribus, nuestros chamanes prepararon las mejores *medicinas*. Desenterramos el hacha de guerra. Y por todas partes, en la Gran Pradera, resonó el grito de guerra de los sioux: ¡Hoka-Hey, Hoka-Hey! Teníamos que reunirnos en la montaña del Pequeño Carnero.»[9]

Así se expresaban a comienzos de junio de 1876 Nube-Roja, Caballo-Loco y Toro-Sentado. Durante muchas lunas el gran chamán de los sioux, Toro-Sentado, había predicado la rebelión y fue escuchado. Los dakotas, nez-percés, oglagas, hunkpapas, crows, misuris, kansas, osages, corazones-de-lezna y otras treinta tribus más habían jurado no combatir entre sí y unirse contra el hombre blanco. Los cheyennes reunieron a sus clanes bajo el mando de su jefe, Hee-Dis-Ks-Te-Kin (Polainas-de-Piel-de-Conejo). Las tribus Arterias-Quemadas, Cuerdas-de-Cabellos y Caras-Marcadas, decidieron unir su grito de guerra al de los sioux. Los Yu-Yu-Yu se fundieron con los Hoka-Hey en la Gran Pradera.

Allí están, acampados cerca de Rosebud River, el río de los Capullos de Rosa. En el horizonte se dibujan los montes Big-Horn. En el valle, a lo largo de ocho kilómetros y a lo ancho de cinco, se extiende el campamento del Pueblo-Culebra [10] y de los Seres-Humanos.[11] Hay tantos tipis reunidos que ningún bravo puede recordar haber visto nunca tantos de una sola vez. Hay dieciocho mil hombres, mujeres y niños y más de veinte mil *ponies* pacen cerca de los campamentos.

En la noche del 24 al 25 de junio, el Consejo estaba reunido cuando la llegada de un jinete interrumpió sus deliberaciones. Era un crow que vestía el uniforme de los chaquetas azules. Descendió de su caballo y Nube-Roja le preguntó:

—¿Tienes hambre, hermano?

El jinete, para no ser descortés, responde que tiene hambre. Come en silencio y, una vez saciado, expresándose por los signos de las manos para ser comprendido por todos, anuncia:

—Mi nombre es Pequeño-Jefe. Soy explorador del 7.º Regimiento de Caballería de los rosros pálidos que acampan tras las colinas. Desde hace dos nieves guío a los blancos, pero ahora estoy triste porque los rostros pálidos van a atacar al Pueblo-Culebra y a los Seres-Humanos.

Toro-Sentado toma la palabra:

—Te escuchamos, valiente crow. ¿Cuántos son y qué armas llevan?

—Son seiscientos, gran chamán, pero no han llegado aún todos. Sus Bastones-de-Fuego son Springfield; sólo hacen un disparo cada vez y si tiran con demasiada rapidez, se recalientan y los extractores se atascan.

Nube-Roja se tranquiliza y sonríe. Hace poco tiempo que ha aniquilado aguas arriba del río Rosebud al regimiento del general Crook. Se ha apoderado también de un cargamento de Winchester que hacen varios disparos seguidos y que no se recalientan. Con Toro-Sentado, Caballo-Loco y Polainas-de-Piel-de-Conejo puede poner en pie de guerra a cinco mil hombres.

Caballo-Loco interroga al explorador:

—¿Hay algo más?

Pequeño-Jefe responde:

—El que manda a los chaquetas azules se llama Custer. Parece que es un gran jefe, pero sus hombres no le quieren. Le han apodado Culo Duro porque está siempre a caballo. Es un hombre pretencioso y maligno.

Y Nube-Roja concluye:

—¡Bien está, tomaremos su cabellera!

El crow quiso quedarse con sus hermanos, pero Toro-Sentado le hizo volver para que no se alarmaran los hombres blancos.

Al regresar, con la espalda inclinada sobre su gran caballo negro, Pequeño-Jefe, afligido pero tranquilizado a medias, piensa que hay en el valle más pieles rojas que cartuchos tienen los blancos en sus cinturones.

Antes de amanecer el día 25, los pieles rojas encienden grandes fuegos a fin de que el humo atraiga la atención de los blancos sobre la aldea; después, los indios se ocultan en los agujeros del terreno, en el fondo de los barrancos, tras los matorrales y las rocas. Y aguardan, invisibles.

Al salir el Sol, Custer, advertido de la presencia de las tiendas de los pieles rojas, se sitúa sobre una colina e inspecciona la aldea gritando de alegría:

—¡Los tenemos en su nido!

Sus subordinados le hacen observar que aunque entre los tipis hormiguean las mujeres y los niños, no se ve a ningún guerrero, lo que resulta extraño. Pero Custer, cuya ambición se impone a la razón, no quiere escuchar nada. Hace despedir a los exploradores sioux, pero es demasiado tarde. El corazón de Pequeño-Jefe ya ha hablado.

En lo alto de una peña, impasible, el crow podrá presenciar todo el desarrollo de la batalla. No hará un solo gesto.

En una pequeña colina, no lejos de allí, Toro-Sentado tiende sus brazos hacia el cielo. Comienza su *Gran-Medicina.*

Entre los blancos resuena una orden. Custer grita:

—Jinetes del séptimo... ¡Caaaarguen!

El corneta da el toque de carga. El loco general galopa a lo largo de un arroyo llamado Medecine Trail cuando vislumbra a dos jinetes sioux que vuelven grupas y huyen. Custer espolea a su cabalgadura y se lanza en su persecución: era lo único que no debía haber hecho. El 7.º de Caballería se encaminaba al desastre.

Custer tira por un atajo y llega a esa famosa pendiente que desciende hasta el río de los Capullos de Rosa. Es lo que esperaban los sioux. El jefe de guerra cierra la trampa con doscientos guerreros mientras que Nube-Roja va a aniquilar la retaguardia de los rostros pálidos, encargada de las reservas de todo un lote de Winchester que no se encasquillan.

Por su parte, Custer advierte que ha caído en una trampa. Ordena a sus hombres que se repleguen a la cima del monte. Cada soldado abate a su caballo de un balazo y se parapeta tras su cuerpo.

Caballo-Loco, bien protegido en el fondo de un barranco, ordena a sus arqueros que disparen. Las flechas ascienden al cielo a millares y caen sobre el círculo de los rostros pálidos, bien visibles en la cima. Muchos de ellos no volverían a levantarse más.

Los sioux avanzan a pie, por oleadas, sin exponerse. Cada matorral oculta a diez, cada agujero de este terreno que recuerda a una esponja se halla ocupado por un guerrero. De repente, el Gran Espíritu, con su poderosa mano oprime esta esponja y aparecen por todas partes innumerables pieles rojas.

El ruido se torna infernal y los Winchester se desatan. Los ladridos de los Springfield se confunden con los maullidos de las flechas. El polvo y la humareda de la pólvora tienen el olor acre de la muerte.

Dominando la batalla, Toro-Sentado alza los ojos al cielo e implora al Gran Espíritu que haga morir a todos estos rostros pálidos que tanto daño han hecho a los suyos. Una visión le dice que ha sido escuchado.

Sobre el corazón de Custer aparece un agujero redondo. Se desploma lentamente mientras su sangre cae sobre la tierra de los sioux. Con el valor de la desesperación, los chaquetas azules se defienden con cuchillos.

Desde su atalaya, Pequeño-Jefe comprueba

que había más indios en la llanura que cartuchos en los cinturones de los blancos. Los pieles rojas disparan todavía al aire, de alegría, mientras que en el monte ya no se mueve ningún cuerpo.

El 26, al día siguiente de la batalla, Nube-Roja hace llamar a Pequeño-Jefe y le pide que le acompañe hasta los lugares donde se desarrollaron los últimos combates, para reconocer a los hombres e identificar al jefe de los chaquetas azules; Toro-Sentado y Polainas-de-Piel-de-Conejo van con ellos.

Pequeño-Jefe, mostrándole un hombre con el pecho perforado de un balazo, dice:

—¡Es éste, era un gran jefe!

Y Nube-Roja añade:

—Era un jefe loco y ahora está muerto. Y es mejor así. ¡Waho!

Toro-Sentado se inclina y tomando entre sus dedos un objeto brillante, tira de él; es la cadena de oro del reloj de Custer. Mientras se lo guarda dice:

—Ahora no necesita ya la *medicina* que cuenta el tiempo.

El explorador, atraído por el cráneo de Custer, advierte:

—Los bravos han respetado el valor de este jefe, no le han arrancado la cabellera.

Caballo-Loco responde al tiempo que se aleja:

—No era valiente, sino loco, y si no le han quitado la cabellera es porque se estaba quedando calvo.

Esta fue la oración fúnebre que los pieles rojas dedicaron a George Custer, general del 7.º Regimeinto de Caballería de los Estados Unidos.

En la actualidad, en el lugar de la batalla, en el estado de Montana, se alza un monumento de mármol. En su lápida se lee: «Aquí fueron muertos unos 220 soldados, exploradores y civiles». Alrededor, unas piedras grabadas señalan el sitio en que cayó cada hombre. Los cheyennes del sur abatidos en el Wichita no tuvieron derecho a los honores que los hombres blancos reservaron a sus difuntos.

Hoy, en el valle que cavó el río de los Capullos de Rosa, los crowns han instalado un Centro de Arte Indio para los turistas que acuden al lugar de la memorable batalla. Los crows han colocado también un cartel en el que puede leerse: «Esperamos volver a verles».

La revuelta de los sioux, que resistieron setenta días en Wounded Knee en 1973, nos muestra que no han olvidado. Un puñado de pieles rojas exigen a los blancos que cumplan los 372 tratados que firmaron en la época. Reclaman igualmente el reconocimiento de sus derechos ancestrales en el marco de la moderna sociedad americana.

Era importante relatar los detalles de este acontecimiento de Little Big Horn, ya que señala un punto decisivo en las relaciones entre pieles rojas y blancos y nos muestra el carácter indio desde un ángulo nuevo e ignorado.

A partir de entonces, los pieles rojas manifestaron aún más desprecio por los hombres blancos pues, es preciso decirlo, ningún gran jefe de guerra habría aceptado por obstinación poner en peligro a todos sus hombres. Allí donde un hombre blanco ve valentía, el piel roja sólo advierte pura locura. Los jefes yanquis disponían harto fácilmente de las vidas de sus soldados y para los indios esto era una gran estupidez. A menudo llegaba a suceder que los jefes de guerra se retaran a singular combate a fin de ahorrar a sus guerreros una muerte inútil.

Las cosas distaban de haberse solucionado y, como vamos a ver, muchos valientes guerreros, mujeres y niños pagaron con sus vidas la gran victoria de la montaña del Pequeño Carnero.

¿QUÉ HA SIDO DE LAS GRANDES TRIBUS?

Año 1883: el telégrafo de los blancos transmite. El mensaje que envía por encima de las llanuras y de las montañas lleva el terror a Arizona. Jerónimo, cuyo nombre indio es Goh-Hla-Yeh, el jefe apache chiricahua, acaba de escapar con cien guerreros de la reserva apache de San Carlos y se dirige a las montañas para ocultarse allí.

Tres años antes, el general Crook había convencido a los apaches para que residieran en la reserva de San Carlos, pero Jerónimo, como Cochise, advirtió rápidamente que los de su raza no estaban hechos para vivir como el hombre blanco. En razón de su temperamento, estos pieles rojas aspiraban a la libertad, a la vida nómada que amaban.

Para conservar su preciosa libertad, Cochise sometía a sus jóvenes guerreros a un duro entrenamiento: correr bajo un sol ardiente durante varios kilómetros, con agua en la boca y escupirla al final del recorrido ante los jueces. Colocarse de pie sin escudo y esquivar el alud de flechas que les lanzaban una docena de bravos. Con este régimen, los apaches eran los guerreros más diestros y resistentes de todos los pieles rojas.

Cochise no permanece siempre oculto en las montañas de la cadena del Dragón sino que realiza salidas relámpago. Ataca las minas de Santa Rita, se apodera de 146 mulas y caballos.

Cochise, el famoso guerrero apache.

Incendia la villa de Tubac que todavía hoy es sólo una población fantasma. Penetra en el centro de la ciudad fortificada de Tucson y huye con un botín. Cada una de sus salidas sume en el terror a los rostros pálidos. Los blancos organizan expediciones punitivas que no dan resultado, pues Cochise cambia constantemente de campamento tras haber incendiado las cabañas y borrado todos sus rastros.

Finalmente, el ejército de los Estados Unidos, que desde hace tres años se cubre de ridículo, decide emprender una monstruosa ofensiva. Rodea la montaña con cinco mil soldados e inicia una lucha, salvaje e implacable. El gran jefe sólo se rendirá cuando ya no le queden municiones. En tierra yacen tres veces más chaquetas azules que apaches.

En 1871, porque Cochise se había negado a aceptar para su pueblo la vida humillante en una reserva, el balance de esta guerra podía establecerse así: unos quince mil blancos muertos o heridos, ganado capturado por valor de varios millones de dólares, ricos territorios mineros abandonados, centenares de ranchos arrasados y la colonización del sudoeste completamente paralizada. El jefe de los apaches chiricauas había realizado este trabajo de ciclón con un puñado de guerreros.

Profundamente dolido, Cochise no olvidaba la traición de George Bascom, un teniente recién salido de la Academia, que hizo ahorcar a sus padres.

Por su parte, Jerónimo tenía también graves motivos de queja respecto de los blancos. En su juventud, al regreso de un ataque, él mismo había tenido que reunir los restos calcinados de sus hijos, de su mujer y de su madre. Los rostros pálidos, rabiosos por no haberle encontrado, se habían vengado en su familia.

Tras su derrota, Jerónimo vivió en Fort Sill ganando algún dinero con la venta de recuerdos indios. Murió en 1909. Tras él dejaba la memoria de un amargo desquite.

En 1877 el oeste ya no existe. Los rostros pálidos ocupan todo el territorio de los Estados Unidos. Trueno-que-Rueda-en-la-Montaña, el jefe de los nez-percés, a quien los blancos han creído halagar llamándole Jefe José, siente también la llamada de la libertad. Vegeta pobremente con sus guerreros en el Oregon cuando los blancos deciden ocupar sus tierras y mandarle a vivir con su pueblo a una reserva. Sabiendo que en el norte hay grandes extensiones desiertas donde su tribu todavía podrá vivir libre, Jefe José no duda en partir a pesar de «las órdenes contrarias» de Washington. Para los nez-percés la palabra *libertad* está escrita a 1 200 kilómetros de allí, en la frontera canadiense, una línea trazada por los blancos.

Reuniendo a los clanes sioux de los alrededores, Jefe José parte hacia el nordeste. Son más de tres mil, entre hombres, mujeres y niños, los que abandonan el Oregon. Inmediatamente, el telégrafo transmite. El nez-percé sabe que no puede esperar ayuda alguna. Es perseguido por millares de chaquetas azules y de voluntarios; los fuertes de avituallamiento le están vedados; no puede aproximarse a las manadas de bisontes guardadas por blancos armados con fusiles de largo alcance. Pero este jefe es un gran estratega: a pesar del hambre que le acosa y mediante rodeos conduce a los suyos camino de Canadá.

Tras una victoriosa batalla contra un importante destacamento de caballería cruzan el White Bird Canyon. Después, en Clearwater, vencen de nuevo a los chaquetas azules. En Camas Meadows, para no obligar a la tribu a otro rodeo agotador, el Jefe José y sus bravos, por tercera vez, atacan y derrotan a un gran contingente de rostros pálidos. Pero aunque cada resonante victoria les acerque a la libertad, ¿cuántos son los nez-percés que yacen sobre la tierra de los antepasados?

El 5 de octubre de 1877, los fugitivos son alcanzados por el general Miles. La borrasca sopla desde la víspera. Prefieriendo la muerte a la vergüenza, los sioux deciden librar batalla de nuevo. La lucha se desarrolla durante toda la jornada. Los blancos no perdonan ni a las mujeres ni a los niños: muchos yacen muertos sobre la nieve. Al caer la noche, con la tristeza en el corazón, Jefe José pide una tregua y anuncia al general Miles:

—Estoy cansado de combatir; son demasiados los bravos que han muerto en la llanura helada; hace frío y nuestros niños tienen hambre. Puedes devolvernos al Oregon.

Estaban a menos de 30 kilómetros de la frontera que les separaba de Canadá y de la libertad. Todo el camino recorrido por los nez-percés se hallaba jalonado de cadáveres. De tres mil que eran al comienzo, ya sólo quedaban cuatrocientos dieciocho.

Jefe José murió en septiembre de 1904. Se hallaba ante su tipi cuando se desplomó como abatido por una bala invisible.

Los sioux hunkpapas, perseguidos y hambrientos, se habían refugiado en la aldea de Big Fort, en la reserva de Pine Ridge; allí vivían como podían vivir los indios en una reserva. Los viejos ya sólo tenían recuerdos que contar y los jóvenes imaginaban lo que fueron los días de libertad que conocieron sus padres. Los guerreros despojados habían conservado sus armas de caza y aún podían forjarse ilusiones.

La vigilancia de esta reserva había sido confiada, quizás intencionadamente, al 7.º Regimiento de Caballería, totalmente reorganizado. Hacer cohabitar a sioux y a jóvenes reclutas adoctrinados en el recuerdo de Custer equivalía a acercar una tea encendida a un barril de pólvora.

Los sioux soportaban las continuas vejaciones de los blancos. Y, a fuerza de insultos, sucedió lo que tenía que suceder. Ante el temor de ver despertarse a los indios, el ejército les ordenó que entregaran sus viejos fusiles al Gobierno.

El 23 de diciembre de 1890, el mayor Whiteside rodea la aldea de Big Foot y coloca en batería cuatro ametralladoras. Los sioux aceptan parlamentar; en el momento en que avanza la delegación, un indio, involuntariamente, dispara su fusil. Whiteside hace abrir fuego y ordena una carga al grito de «¡Acordaos de Custer!».

En unos minutos doscientos pieles rojas yacen sobre la nieve; de estos doscientos cadáveres, ciento cincuenta pertenecen a mujeres y niños que ni siquiera sabían utilizar un fusil.

Tras esta matanza, los sioux ya no tuvieron batalla que librar contra los chaquetas azules. No quedaban los bastantes para formar una partida digna de este nombre.

Toro-Sentado, el vencedor de Custer, no asistió a esta carnicería ni al hundimiento de su pueblo; unos días antes había sido asesinado en su prisión. Tenía cincuenta y seis años. Sin duda los militares lo eliminaron ante el temor de que se convirtiera en el jefe de una nueva religión a la que los indios denominaban la Danza de los Espectros.[12] Ésta era predicada por un indio llamado Wa-Wo-Ka que con este nuevo culto pretendía expulsar a los blancos y hacer que los bisontes volvieran a ser más numerosos que antaño. La reserva de Pine Rodge fue colocada bajo la vigilancia de un representante del Gobierno encargado de los asuntos indios. Este hombre, que se llamaba John McLaughlin, no había comprendido nada del problema. Una noche en que Toro-Sentado iniciaba algunos pasos de la Danza de los Espectros, McLaughlin, asustado, llamó a las au-

Toro-Sentado, el gran jefe sioux.

toridades, que enviaron a los siniestros hombres de la milicia. Toro-Sentado entraba en la leyenda.

Los semínolas, desde que su jefe Os-Ce-O-La (El-que-Bebe-el-Brebaje-Negro), fue arrojado a una prisión en 1836, habían escapado a sus tierras pantanosas de Florida para no volver a salir de allí.

En la actualidad, estos indios no se hallan aún sometidos al Gobierno de los Estados Unidos y con frecuencia alguno de ellos abandona las tierras pantanosas para ir a provocar a los rostros pálidos.

La parábola del árbol y del salvaje, narrada por los indios wyandots, no deja de recordarnos ahora la famosa petición de los cheroquis. He aquí esta parábola, dirigida a la conciencia del hombre moderno:

Al comienzo, el salvaje estaba sentado en el tronco de un árbol. El blanco llegó y le dijo: «¡Hazte a un lado!». El indio se corrió para permitir al extranjero que se sentara a su lado. Pero el recién llegado no dejó de empujarle, repitiendo: «Déjame sitio, córrete aún más». Cuando el salvaje cayó del tronco del árbol, el blanco proclamó: «¡Ahora este tronco es mío!».

NOTAS

[1] Parece confirmarse que en la Edad Media, varios siglos antes de Cristóbal Colón, los pescadores bretones y los balleneros vascos frecuentaron la costa oriental de Canadá.

[2] Los indios de las llanuras llamaban «lago hediondo» al mar porque sus aguas no son potables.

[3] Antes de la llegada de los españoles los indios no habían visto nunca caballos porque éstos no existían en el continente.

[4] En indio, Padre de las Aguas. Con los ingleses, este río se convirtió en Mississippi.

[5] Así llamaban los indios a las montañas Rocosas.

[6] Tienda de pieles. En indio dakota *pi* significa habitar; *ti*: sirve para.

[7] Se trata de Canadá. La Abuela era en este caso la reina Victoria de Inglaterra.

[8] Los carromatos cubiertos de los pioneros.

[9] Se referían a Little Big Horn.

[10] Sioux es en realidad la contracción de Na-Do-Es-Sioux, lo que significa: el Pueblo Culebra.

[11] Así se llamaban los cheyennes.

[12] Fundada por un iroqués hacia 1800 e inspirada en la Biblia.

ÍNDICE

El Libro de Bolsillo para jóvenes lectores

1 CANCIONES Y POEMAS PARA NIÑOS, Federico García Lorca
2 DONDE DUERME EL AGUA, Ángela C. Ionescu
3 CON PLUMA Y PINCEL, José Luis Velasco
4 LEYENDAS DE CATALUÑA, Anónimo
5 MADRE NIEVE, Hermanos Grimm
6 JUEGOS PARA VIAJES, Deborah Manley y Peta Rée
7 UN ROSTRO TRAS LA VENTANA, Wolfgang Ecke
8 MIS ABUELOS LOS INDIOS PIELES ROJAS, William Camus
9 LO QUE EL VIENTO CUENTA DE VALDEMAR DAAE, H. C. Andersen
10 AVENTURAS EN EL BAÚL DE LOS JUGUETES, Janosch
11 LEYENDAS DE ANDALUCÍA, Anónimo
12 LA MÁQUINA ANALÍTICA, Jeremy Bernstein
13 REVENTONES Y ALAMBRETES, André Maurois
14 DOCE CUENTOS DE CERDEÑA, Grazia Deledda
15 EL TALLER DE LOS EXPERIMENTOS, Varios
16 JUEGOS VISUALES, Karl H. Paraquin
17 ESCENARIOS FANTÁSTICOS, Joan Manuel Gisbert
18 HISTORIA DE MI INFANCIA, León Tolstoi
19 ¡AIRE, QUE ME LLEVA EL AIRE!, Rafael Alberti
20 EN EL FONDO DE LA CAVERNA, Ángela C. Ionescu
21 CUENTOS POPULARES ESPAÑOLES, Anónimo
22 DIOSES Y HÉROES GRIEGOS, Blas Carmona
23 YO VOY SOÑANDO CAMINOS, Antonio Machado
24 CONSTRUYAMOS UN MOTOR, Ramón Gonzalo Fernández
25 EXPERIMENTOS ELÉCTRICOS, Rudolf F. Graf
26 ARRIBA, EN EL MONTE, Ángela C. Ionescu
27 LA VISITA DEL ENANO EXTRATERRESTRE, Eduardo Quiles
28 EL EXTRAÑO ADIÓS DE ODIEL MUNRO, Joan Manuel Gisbert
29 LA REBELIÓN DE LOS ESPEJOS, Stella Maris Moragues
30 EL PUCHERO DE ORO, Ernst T. A. Hoffmann
31 EL CASTILLO DE LOS MONOS ROJOS, Wolfgang Ecke
32 EL REY DE LOS LADRONES, Hermanos Grimm
33 ES LA PURA VERDAD, H. C. Andersen

34 CUENTOS Y LEYENDAS DEL JAPÓN, Amparo Takahashi
35 HAGAMOS CERÁMICA, María Dolores Giral
36 LA NOCHE DEL VIAJERO ERRANTE, Joan Manuel Gisbert
37 CUENTOS CON CUENTAS, Miguel de Guzmán
38 LEYENDAS DE GALICIA Y ASTURIAS, Anónimo
39 LEYENDAS DE CASTILLA, Anónimo
40 SE FUE POR EL PUENTE, Ángela C. Ionescu
41 PALOALTO Y LOS HOMBRES EXTRAORDINARIOS, Jesús Ballaz
42 LOS ESPINGORCIOS, Miguel de Guzmán
43 LEYENDAS DEL PAÍS VASCO Y NAVARRA, Anónimo
44 CONTRA LA MUERTE NEGRA, EPIDEMIAS Y VACUNAS, Agustín Albarracín
45 LA SONÁMBULA EN LA CIUDAD-LABERINTO, Joan Manuel Gisbert
46 AVENTURAS CON ANIMALES PEQUEÑOS, Owen Bishop
47 EL ARTE DE HACER COMETAS DE PAPEL, Salvador Montserrat
48 MAGIA MATEMÁTICA, Isidoro Lander
49 DE UN PAÍS LEJANO, Ángela C. Ionescu
50 LEYENDAS POPULARES ESPAÑOLAS, Anónimo
51 LEYENDAS DE RUSIA, Anónimo
52 EL CABALLO DE ÉBANO Y OTROS CUENTOS DE LAS MIL Y UNA NOCHES, Anónimo
53 DIBUJEMOS CÓMICS, Jordi Vives
54 LEYENDAS NÓRDICAS, Anónimo
55 EL REGRESO DE ION EL EXTRATERRESTRE, Eduardo Quiles
56 LAS CRIPTAS DE KAUA Y OTRAS LEYENDAS DE AMÉRICA, Anónimo
57 LOS DESCENDIENTES DEL SOL Y OTRAS LEYENDAS DE AMÉRICA, Anónimo
58 AVENTURAS CON PLANTAS PEQUEÑAS, Owen Bishop
59 AVENTURAS CON MICROORGANISMOS, Owen Bishop
60 ION Y SU PERRO KHAN-GUAU, Eduardo Quiles
61 LEYENDAS DE GRECIA Y ROMA, Anónimo